O que não tem censura nem nunca terá

Chico Buarque e a repressão artística durante a ditadura militar

Márcio Pinheiro

O que não tem censura nem nunca terá

Chico Buarque e a repressão artística durante a ditadura militar

L&PM EDITORES

Texto de acordo com a nova ortografia.

Capa: Ivan Pinheiro Machado. *Foto da capa*: Rodolpho Machado / Agência O Globo. Show no Canecão (17/09/1971)
Preparação: Marianne Scholze
Revisão: Iriz Medeiros

CIP-Brasil. Catalogação na publicação
Sindicato Nacional dos Editores de Livros, RJ.

P721q

    Pinheiro, Márcio

    O que não tem censura nem nunca terá : Chico Buarque e a repressão artística na ditadura militar / Márcio Pinheiro. – 1. ed. – Porto Alegre: L&PM, 2024.
    224 p. ; 21 cm.

    ISBN 978-65-5666-481-1

    1. Buarque, Chico, 1944- - Crítica e interpretação. 2. Música popular - Brasil - Aspectos políticos. 3. Brasil - Política e governo - 1964-1985. 5. Censura - Brasil. I. Título.

24-91453   CDD: 782.421640981
                CDU: 78.011.26(81)

Meri Gleice Rodrigues de Souza - Bibliotecária - CRB-7/6439

© Márcio Pinheiro, 2024

Todos os direitos desta edição reservados a L&PM Editores
Rua Comendador Coruja, 314, loja 9 – Floresta – 90.220-180
Porto Alegre – RS – Brasil / Fone: 51.3225.5777
Pedidos & Depto. Comercial: vendas@lpm.com.br
Fale conosco: info@lpm.com.br
www.lpm.com.br

Impresso no Brasil
Outono de 2024

Para Laila e Ibsen, que me falaram do Chico
Para Cássia, que leu primeiro
Para Lina, que vai ler
Para Paulo Moreira, que não pôde ler

Márcio e Francisco

Eric Nepomuceno

Não é de hoje – ao contrário, há décadas – que acompanho a carreira jornalística de Márcio Pinheiro. Desde que ele era um garotinho.

Ao longo desse longo tempo, pude ver como ele foi evoluindo não apenas na cobertura do cotidiano, mas principalmente no que havia acontecido no jornalismo de antes, que foi especialmente importante para determinadas épocas e que de repente passou a correr o risco de mergulhar de vez no oceano do esquecimento.

Estou me referindo ao trabalho de resgate e recuperação da memória. Da pesquisa levada às últimas consequências e revelando para o dia de hoje o que havia acontecido no passado recente ou quase.

E isso, reitero, que ele era um jovem jornalista e parecia condenado ao aborrecido cotidiano dos acontecimentos: sempre, vai saber como, arrumava tempo e espaço para mergulhar no esquecimento e trazer a história para a superfície e nos levar para dentro dela.

Talvez o melhor exemplo até agora dessa trajetória seja o seu livro *Rato de redação – Sig e a história do Pasquim*.

Não apenas vivi aquele tempo como fui colaborador do *Pasquim*. Exilado na Argentina, assinava minhas notas como Emílio Vargas, o ditador inventado por Woody Allen em seu insuperável filme *Bananas*.

Lembro que, além de ter sido duramente censurado, Emílio Vargas teve ordem de prisão preventiva decretada pela ditadura. Seria cômico se não fosse verdade. Eram tempos de breu.

Por sorte continuamos livres, ele e eu.

Depois desse livro único resgatando e revelando o que foi o *Pasquim*, achei que o Márcio Pinheiro ia tentar, ao menos tentar, descansar – se é que há descanso – no cotidiano, ou no banal. Nada disso: ele decidiu mergulhar num oceano muito mais turbulento, a relação – se é que podemos usar essa palavra, o certo seria *conflito* – entre Chico Buarque e a censura.

Já na abertura do livro *O que não tem censura nem nunca terá*, verso roubado de uma das mais belas e definitivas canções do Chico Buarque, ele reconstrói com precisão a história da censura no século passado.

E dá ênfase especial ao período iniciado depois do golpe militar – com amplo apoio empresarial e político, não podemos esquecer – de março de 1964, quando a censura foi absolutamente implacável, atropelando tudo o que havia ocorrido antes.

Vivi aquela época, em que havia censores nas redações de jornais e revistas, de emissoras de televisão, e trabalhar era infernal.

A censura começou branda, se é que se pode dizer isso, quando comparada ao que veio depois do Ato Institucional Número 5, o maldito AI-5, em dezembro de 1968. Todas as nuvens negras se juntaram no céu, tirando a luz das artes e da cultura, do jornalismo, em nosso país.

Se no começo prestava especial atenção a teatro e cinema, depois se estendeu por toda parte – e este livro mostra isso. E Chico Buarque se tornou o alvo favorito dessa censura desmedida e deslavada.

Conheci o Chico pouco depois do golpe, e somos próximos até hoje. Mesmo quando saí do Brasil no começo de 1973 e fiquei dez anos e meio fora, mantivemos essa proximidade.

Lembro como para ele era difícil, e em longas temporadas quase impossível, trabalhar.

O que este livro traz é a reconstrução, em detalhes, daqueles tempos de pesadelo, fúria e dor.

Há minúcias que eu mesmo tinha esquecido.

O Chico não gosta de falar daquele tempo de breu. Mas, se por acaso ler este livro, certamente ficará espantado com a reconstrução feita pelo Márcio, que curiosamente – e, claro, pela idade – não padeceu aquele sufoco tão tenebroso.

Para quem viveu aquele temporal, é trazer a memória de volta. E, para quem não viveu, é trazer uma revelação mais que necessária, para que nunca mais torne a acontecer.

Sumário

Apresentação: Para todos 13
1. Uma música não ofende a ninguém 21
2. Vai, meu irmão, pega esse avião 51
3. Como é difícil acordar calado 71
4. A coisa aqui tá preta 99
5. Eis o malandro na praça outra vez 111
6. Luz, quero luz 125
7. Quem é essa mulher? 143
8. O estandarte do sanatório geral vai passar 161
9. Não se afobe, não 195

Bibliografia 212
Discografia pesquisada 213

Apresentação
Para todos

A censura está entre as ações mais opressoras que um ser humano pode praticar contra outro ser humano. É também das mais covardes, pois é feita às escondidas, de forma dissimulada e quase sempre sem permitir qualquer espécie de defesa ao agredido. Semelhante à tortura, a censura tem um subjugador e um subjugado. O primeiro, dono de um poder que considera absoluto (mas que na verdade é efêmero), consegue dominar o segundo. É também um domínio frágil, já que não se ampara numa força real. Se ampara no medo.

Durante anos, o Brasil viveu dentro de uma jaula do medo. Foram períodos alternados de exceção, mas com resultados algumas vezes contínuos e duradouros. O mais recente pode ser resumido nas pouco mais de duas décadas que vão do começo de 1964 a meados de 1985 e que foi marcado por uma forte repressão.

Chico Buarque foi o maior símbolo dessa perseguição cultural e política.

Quando a ditadura se declarou vitoriosa, ele não havia completado vinte anos. Quando o AI-5 foi decretado, Chico recém fizera 24 e era um veterano, com seu nome já inscrito na história da MPB: compusera clássicos atemporais como "Olê, olá", "Pedro pedreiro", "Morena dos olhos d'água" e, principalmente, "A banda". E já era visado pela Censura.

A partir de então, Chico não teve descanso. Foi perseguido, censurado, vetado, exilado, cortado e até, de forma temporária, calado. Artista e intelectual, simpático e bem-preparado, com uma sólida formação humanista, filho do notável historiador Sérgio Buarque de Holanda, Chico se tornou o pesadelo da Censura, a tal ponto que durante muitos anos sua assinatura em qualquer obra se transformaria na tradução de todos os temores que os censores poderiam ter. A mínima referência ao nome do compositor já era motivo suficiente para que qualquer trabalho atrelado ao músico fosse visto com um olhar muito mais agressivo, acurado – e também paranoico – por parte de quem tinha a tarefa de avaliar e, se fosse o caso, proibir.

Nunca alguém havia recebido uma marcação tão forte e injusta na cultura brasileira. Em determinado momento, como o próprio Chico iria recordar em muitas entrevistas concedidas à época, três de cada quatro composições que ele produzia eram censuradas, tornando impossível a montagem de um repertório mínimo para um show ou um disco. Em última análise, Chico atravessou boa parte dos anos 70 proibido de criar.

Apoiado em seu imenso talento e contando com a simpatia de boa parte da imprensa e da opinião pública, o músico soube buscar alternativas. No exílio que se impôs ao se mudar para a Itália, conseguiu ampliar o alcance de sua arte, de sua voz. O Chico articulado e bem-humorado virou correspondente do *Pasquim*, porta-voz de tantos outros exilados e a face mais expressiva da resistência democrática. Poucos meses depois, o Chico inteligente e sagaz voltaria ao Brasil e criaria as mais belas metáforas que viabilizaram a divulgação da sua produção artística. Nesse período, marcou um golaço em matéria de ousadia e audácia ao criar Julinho da Adelaide, um compositor fictício que até ser descoberto pela Censura fez os censores de bobos.

Antes disso, a ditadura instalada no país a partir do golpe de março de 1964 havia trazido consigo a ação mais efetiva da censura – e ela se manifestou desde os primeiros meses sob o comando dos novos donos do poder. Num primeiro momento, a censura se mostrou equilibrista, ora privilegiando o veto aos que criticavam o governo, ora agindo como uma polícia de costumes, preocupada mais com valores morais e com qualquer referência a algo que pudesse parecer irônico, debochado ou desrespeitoso em relação ao que a ditadura classificava como correto.

Porém, a partir de 1968, com o endurecimento do regime, o aumento das perseguições e a legitimação do terror favorecido pelo AI-5 (o quinto e mais duro de todos os atos institucionais da ditadura, emitido pelo presidente Artur da Costa e Silva, resultou na suspensão de quaisquer garantias constitucionais), a censura mostraria o seu aspecto mais horrendo. Perderia qualquer pudor e perseguiria com intensidade artistas e intelectuais, nacionais e estrangeiros, críticos eventuais ou engajados. Seria ainda uma censura paranoica, que alimentava com o medo até mesmo muitos de seus censores. Estes, muitas vezes, se viam obrigados a considerar até aspectos de obras artísticas que para eles não eram muito claros – mas o medo de ser ludibriado e deixar passar algo que pudesse ser uma mensagem cifrada justificava os mais absurdos disparates. Nos seus estertores, quando já começava a agonizar a partir da abertura política no final dos anos 70, a censura mostrou seu lado mais risível, mais preocupada que estava com as mensagens que pudessem estar sendo enviadas subliminarmente pelas pornochanchadas produzidas no Brasil, como a *Super fêmea*, com Vera Fischer; *O bem-dotado, o homem de Itu*, com

Nuno Leal Maia e Helena Ramos; e *Já não se faz amor como antigamente*, com Vera Gimenez e Matilde Mastrangi.

Ao longo da década de 70, Chico não apenas afrontou a censura como também legitimou a luta política como quase nenhum outro intelectual no Brasil. No aspecto artístico, foi fundamental ao elevar o debate que se realizava sobre temas específicos como jabá (corruptela de *jabaculê*, termo utilizado na indústria da música para denominar uma espécie de suborno em que gravadoras pagam emissoras de rádio ou tevê pela execução de determinada música e/ou artista), reconhecimento dos direitos autorais, organizações de shows coletivos e regulamentação de contratos com gravadoras e emissoras de tevê. Além da seara artística, ele foi ainda mais grandioso. Apoiou movimentos importantes como o retorno dos exilados, a anistia, a convocação de uma assembleia constituinte e a volta das eleições diretas. Desse movimento, foi ponta de lança, protagonista e espécie de repórter musical, retratando a invasão das metrópoles brasileiras por manifestantes vestidos de camisas amarelas e narrando a passagem de uma escola de samba que trazia em seu estandarte o símbolo das melhores lutas.

Os anos 80 – com a proximidade de uma crise pessoal dos quarenta anos e a sensação de finitude despertada pela morte do parceiro e amigo Vinicius de Moraes – dariam a Chico maior capacidade de reflexão, sem nada perder em indignação. Sua obra, já extensa e diversificada (discos, livros, peças, filmes), ganharia em lirismo, porém manteria a capacidade de se indignar contra as injustiças. Na nova década, Chico permaneceria vigilante em antigas batalhas. O libelo por Zuzu Angel e seu filho Stuart, assassinados pela ditadura, talvez seja o maior exemplo dessa posição, como será visto mais adiante. Simultaneamente, o artista incorporava novas preocupações, muitas delas de cunho social, como a situação dos meninos de rua, a vida nas favelas, os conflitos agrários e o aumento da violência urbana.

*

Tijolo por tijolo num desenho sólido, o arquiteto Chico Buarque construiu em quatro décadas a mais abrangente obra da música brasileira. Eu que tenho de idade (nasci em 1967) quase o que Chico tem de carreira tenho nele uma das mais antigas e constantes obsessões intelectuais. Ouvi (e ouço) todos os seus discos, li (e leio) todos os seus livros, acompanho sua trajetória em entrevistas e depoimentos, me interesso pela figura pública e admiro o cidadão. Vi dezenas de shows com ele, inclusive o *Canta Brasil*, de 1982, apresentado no Estádio Beira-Rio, em Porto Alegre, poucos dias depois da morte do pai do músico, Sérgio Buarque de Holanda.

Foram essas as razões que me levaram a fazer este livro. Queria conhecer ainda mais o personagem de imensa exposição pública desde os seus vinte anos, mas que, há pelo menos umas três décadas, vem se mostrando cada vez mais recluso. Queria entender melhor o Chico que, ao mesmo tempo, se misturava ao povo brasileiro e que, desse convívio, saía com a capacidade de retratar as maiores (e as piores) angústias do país durante a ditadura militar. Da mesma forma que conseguia inventar antídotos que aplacassem tantas desilusões.

Como o período da minha trajetória profissional coincide com a opção de Chico pelo recolhimento, pelo silêncio, nunca tive a oportunidade de entrevistá-lo. Aliás, nos últimos trinta anos, acredito que quase ninguém tenha conseguido furar esse bloqueio que Chico se autoimpôs. Foram poucos os depoimentos – raríssimos, na verdade – dados por Chico Buarque e que não estivessem restritos a algum tema bem pontual: o lançamento de um disco, a realização de algum show, a publicação de um livro.

Compreendo os motivos dele. Com o jornalismo tomado pela intensa cobertura centrada nas celebridades – em que *famoso* deixou de ser adjetivo para se tornar substantivo –, Chico quis fugir dessa nova roda viva, mais cruel e trituradora, vitaminada ainda pela futilidade. Porém, esse silêncio dele acarreta uma perda: o Chico lúcido, com capacidade de avaliar, analisar e traduzir o quadro político e social, só pode ser ouvido agora sobre esses temas quando se dispõe a interpretá-los em forma de música. Chico, que teve na imprensa uma de suas principais aliadas, optou pelo afastamento, tornando quase impossível os registros de novas reportagens abrangentes.

Por sorte, antes dessa decisão, Chico falou bastante por pelo menos vinte anos. Foi entrevistado pelos principais repórteres e críticos musicais do país (com estes últimos, inclusive, se envolveu em infindáveis polêmicas). Deu depoimentos para os jornalões da grande imprensa da mesma forma que incentivava os nanicos da imprensa alternativa (*Pasquim*, *CooJornal*, *Opinião* e muitos outros). E apareceu, ainda, em programas de rádio, em peças (como autor de temas musicais e como roteirista e produtor), em filmes (como compositor de trilhas sonoras e até mesmo ator) e em programas de televisão (interpretando os mais diversos personagens, até mesmo o de... Chico Buarque). Fez quase tudo isso preservando a privacidade de sua então mulher, a atriz Marieta Severo, e das três filhas do casal: Sílvia, Helena e Luísa.

Chico Buarque – me garantem também algumas fontes que têm certa proximidade com ele – é falante, engraçado, mas cada vez mais parece demonstrar coerência com a sua posição de falar menos em público. Dessa maneira, nos últimos anos, em consonância com essa discrição, Chico conseguiu formar ao seu redor um cinturão de silêncio. A seu pedido – ou até mesmo pelo prévio conhecimento da ojeriza que tem pela exposição pública de sua imagem –, amigos, parentes, assessores e parceiros quase sempre se negaram a falar. Todos adotaram a mesma estratégia que Chico utiliza há anos: ficar em silêncio.

Como falou bastante no tempo que lhe foi dado, Chico se tornou um raro caso de alguém que não apenas era capaz de fazer uma análise imediata da conjuntura (fosse ela política, artística ou social) como, com seu raciocínio afiado e sólido, era ainda responsável por deixar um depoimento para a posteridade.

Foi nisso que me amparei. Como não seria possível realizar novas entrevistas e como descobri também por pessoas próximas a ele que o tema da censura é algo que o desagrada até hoje, optei por pesquisar no que já havia sido dito – e que ainda assim, como confirmei, podia revelar novidades. Me esforcei em sintetizar, combinar, interpretar, analisar, em resumo, compreender o que já fora dito. Reli todos os livros (alguns escritos pelo artista e muitos de outros autores que escreveram sobre ele), reouvi todos os discos (quase todos com o mesmo prazer da primeira audição) e me embrenhei nos arquivos, lendo mais de mil páginas de entrevistas (das mais apressadas às mais profundas) concedidas por ele no período aproximado de 1966 a 1986. No começo do regime, iniciado em abril de 1964, a atuação da censura não chegou a se destacar, começando a endurecer dois anos depois.

*

Agora, neste primeiro semestre de 2024, a poucos dias dos seus oitenta anos, Chico permanece sendo uma figura imprescindível, seja na atuação artística, seja no debate sobre o futuro do Brasil. Mesmo o Chico recolhido ainda é uma das vozes mais lúcidas de sua geração. Se hoje ele se espanta ao ver as redes sociais tomadas pelo ódio – muitas vezes inclusive contra ele –, Chico se mostra ainda melhor e uma figura mais abrangente do que no tempo em que até chegou a ser apontado como uma das poucas unanimidades nacionais. Ao se misturar com os anseios mais elevados de seus contemporâneos, Chico se revela como o exemplo máximo de uma cultura brasileira em constante evolução – uma cultura que, embora às vezes possa parecer esmagada, permanece sólida e resistente. Um símbolo do combate a tudo o que for medíocre e obscurantista. O agente de um discurso que não tem censura – nem nunca terá.

1
Uma música não ofende a ninguém

A primeira vez que os caminhos de Chico Buarque e da Censura se cruzaram foi em setembro de 1966. Em notícia publicada no dia 9 daquele mês, o Jornal do Brasil, então o mais importante e influente diário brasileiro, contava que a música "Tamandaré" teve sua execução proibida pelo Serviço de Censura, que, após examinar o texto do show Meu refrão – idealizado por Hugo Carvana e Antonio Carlos da Fontoura, em cartaz desde agosto –, concluiu que a canção era ofensiva à Marinha Brasileira, por tratar de maneira desrespeitosa a figura do patrono, o marquês de Tamandaré. O primeiro resultado prático desse embate foi o adiamento da estreia do espetáculo que, naquela semana, além do compositor, reunia no mesmo palco a cantora e atriz Odete Lara e o quarteto MPB4.

Chico Buarque tinha, então, apenas 22 anos, completados três meses antes, mas, apesar da precocidade, já exibia uma boa vivência e um ótimo currículo para um iniciante. Filho de Sérgio Buarque de Holanda e de Maria Amélia Buarque de Holanda, Chico nasceu no Rio de Janeiro em junho de 1944, mas com dois anos mudou-se com a família para São Paulo. Antes de completar dez anos, nova mudança: uma temporada de dois anos em Roma, na Itália, onde Sérgio havia sido convidado para lecionar.

No lar (ou lares) em que Chico foi criado, além da rica biblioteca paterna, recheada de grandes nomes da literatura universal (Dostoiévski, Céline, Balzac, Zola) e nacional (Guimarães Rosa, João Cabral de Melo Neto, Machado de Assis, Carlos Drummond de Andrade, Graciliano Ramos), a vida cultural da família Buarque de Holanda era intensa, com a casa sendo frequentada por Vinicius de Moraes, Tom Jobim, Dorival Caymmi, Antônio Cândido, Manuel Bandeira e tantos outros nomes de peso da intelectualidade brasileira. Já numa área mais popular e musical, o jovem Chico se interessava pela batida bossanovística de João Gilberto – que em poucos anos se tornaria seu cunhado ao se casar com Miúcha, irmã mais velha de Chico – e por veteranos sambistas, como Ataulfo Alves, Noel Rosa e, especialmente, Ismael Silva. Como aluno do Colégio Santa Cruz, em São Paulo, Chico exercitava sua veia musical fazendo suas primeiras composições: "Canção dos olhos" e "Anjinho". Nesse mesmo local, Chico, ainda adolescente, se apresentaria pela primeira vez, num show no qual cantou a "Marcha para um dia de sol", de sua autoria. Aos dezenove anos, ele entraria na Faculdade de Arquitetura e Urbanismo da Universidade de São Paulo, mas se destacaria mais nas rodas de samba – a turma do Sambafo (encontro de estudantes e músicos que se reuniam no subsolo do prédio da Faculdade de Arquitetura e Urbanismo, na rua Maranhão, em São Paulo, geralmente nos finais da tarde, para tocar samba e beber cachaça) – do que pelo interesse em réguas, maquetes, compassos e pranchetas.

A música passaria a ter papel preponderante na vida de Chico Buarque a partir de 1964, quando participou de um show no Colégio Rio Branco, em São Paulo, gravado para o programa *Primeira audição*, produzido por João Leão, Horácio Berlinck e Nilton Travesso para a TV Record. Ainda naquele ano, ele também atuaria no espetáculo *Mens sana in corpore samba*, realizado no Teatro Paramount, em São Paulo, hoje Teatro Renault, com produção de Walter Silva. Na mesma época, ele dividiria com Taiguara (igualmente iniciante e que estudava direito na Mackenzie) o show *Um quadro negro*, no Teatro de Arena (hoje o Tuca Arena), já naquele período (junho de 1964) vigiado pela ditadura recém-instalada. E, pouco tempo depois, iria compor a música "Tem mais samba" para a peça *Balanço de Orfeu*. Também em 1964, outra novidade: Maricene Costa gravou "Marcha para um dia de sol". Cantora paulista surgida no final dos anos 1950, próxima da bossa nova e saudada por João Gilberto como uma "cantora de voz colorida", Maricene foi a primeira intérprete a gravar Chico.

A intensidade musical do jovem estava crescendo. No ano seguinte, Chico participaria do I Festival Nacional de Música Popular Brasileira, organizado pela TV Excelsior, com a composição "Sonho de um carnaval", defendida por Geraldo Vandré. Em seguida, passou a apresentar-se, semanalmente, nos shows do Teatro Paramount e no programa *O fino da bossa*, transmitido pela TV Record e comandado pela cantora Elis Regina. Na mesma época, musicou o poema que virou peça *Morte e vida severina*, de João Cabral de Melo Neto, e, antes que o ano acabasse, já teria gravado seu primeiro disco: um compacto simples com as músicas "Olê, olá" e "Madalena foi pro mar".

*

Quase uma década mais velha do que o músico, a Censura – cujo nome completo era Divisão de Censura de Diversões Públicas (DCDP) – havia sido criada pelo Decreto Federal 24.651, de 10 de julho de 1934. O então presidente da

República, Getúlio Vargas, instituía com esta decisão o Departamento de Propaganda e Difusão Cultural, que, cinco anos depois, se transformaria no Departamento de Imprensa e Propaganda. Tão logo a ditadura varguista findasse, em 1945, o órgão daria lugar ao Departamento Nacional de Informações, até vir a se tornar o Serviço de Censura de Diversões Públicas.

Ou seja, num período de quase quatro décadas (38 anos, para ser exato, de 1934 a 1972), os nomes mudariam, mas a essência permaneceria a mesma: fiscalizar e censurar qualquer espécie de produção bibliográfica, cultural ou midiática produzida ou reproduzida no Brasil.

A partir do golpe de 1964, a função do órgão se ampliaria, tornando-se responsável por autorizar (ou censurar) e fiscalizar as execuções públicas, reproduções e publicações de conteúdos bibliográficos, culturais e midiáticos (incluindo apresentações, álbuns musicais, peças teatrais, livros, filmes, séries, novelas, entre outros) em território nacional por brasileiros ou por estrangeiros (independentemente da Constituição e das leis às quais estes últimos estivessem submetidos).

A DCDP manteria seu caráter – nos últimos anos com bem menos força e poder – até o final da década de 1980, quando, através do inciso IX do artigo 5º da Constituição Federal de 1988, deixaria de existir. Nos últimos anos, já era completamente irrelevante – e sua morte não deixou saudade. O acervo da instituição, desde então, está sob a guarda do Arquivo Nacional.

*

O Chico que escrevera "Tamandaré" e que agora se via diante dessa instituição com poder para censurar uma obra de sua autoria era jovem, mas não um novato. Articulado e com capacidade de argumentação, ele sabia que poderia usar as páginas do mesmo *Jornal do Brasil* para protestar contra a medida, na sua opinião, injusta e arbitrária. Conforme o que foi sustentado pelo compositor, "a música não ofende a ninguém, porque ofensivo ao Almirante é sua efígie na insignificante nota de um cruzeiro".

Chico defendia-se argumentando com base no que a música popular carregava de mais significativo: a capacidade de interpretar o sentimento das ruas. Para Chico, sua composição contava a história de "um Zé qualquer, sem samba, sem dinheiro", que encontra no chão uma nota de um cruzeiro e, diante da insignificância, do pouco valor da nota, resolve perguntar ao Almirante:

> Pois é, Tamandaré
> A maré não tá boa
> Vai virar a canoa
> E este mar não dá pé, Tamandaré
> Cadê as batalhas
> Cadê as medalhas
> Cadê a nobreza
> Cadê a marquesa, cadê
> Não diga que o vento levou
> Teu amor até
> Pois é, Tamandaré
> A maré não tá boa
> Vai virar a canoa
> E este mar não dá pé, Tamandaré
> Meu marquês de papel
> Cadê teu troféu
> Cadê teu valor
> Meu caro almirante
> O tempo inconstante roubou

Como forma de completar a argumentação defendida por Chico, o produtor responsável pelo show, Antonio Carlos da Fontoura, explicava que sem a música o espetáculo ficaria irremediavelmente mutilado, já que a exclusão da composição obrigaria a produção a reformular a estrutura do show de maneira completa. O prejuízo seria ainda maior porque em São Paulo foram apreendidos, por ordem da Censura, os 6 mil exemplares da gravação que Odete Lara havia feito da música para um compacto lançado pela gravadora Elenco. Para substituir a proibida "Tamandaré", Chico compôs "Noite dos mascarados", que também seria incluída na trilha sonora do filme *Garota de Ipanema* (1967), de Leon Hirszman.

Mas não era apenas com Chico Buarque e com o ataque aos grandes vultos da pátria que a Censura andava preocupada. Compositores menos conhecidos e obras mais irrelevantes também estavam sendo perseguidos e descaracterizadas. Até mesmo as ingênuas músicas para o Carnaval do ano seguinte foram atingidas. Expressões como *paquera*, *minissaia*, *iê-iê-iê* e *cabeludos* entraram na mira da Censura. Assim, em setembro de 1966, quase meio ano antes dos próximos folguedos de Momo, 22 das 220 composições submetidas ao Serviço de Censura da Guanabara tinham sido proibidas, sem falar nas sátiras políticas: essas nem mesmo puderam ser apresentadas, já que para esses casos havia uma censura prévia, que inclusive proibia referências a personagens já mortos, como Getúlio Vargas, falecido em 1954, mas ainda presente na memória nacional através da marchinha "O retrato do velho", sucesso do início dos anos 1950.

Pior: em alguns exemplos, mais do que proibir, os censores se davam o direito de se sentirem parceiros dos compositores. "Macaco de cheiro", de João Silva, "Marcha da piranha", de Sebastião Romero, e "Gulu gulu", de Armando

P. Paulo e Osvaldo S. Portes, três das músicas proibidas, receberam de Edgar Façanha, chefe do Serviço de Censura, o aconselhamento de que os autores deveriam melhorar a letra, dando um novo sentido às composições. Ultrapassando suas funções, Façanha, inclusive, afirmou ter feito sugestões de rimas como forma de facilitar o trabalho de autores "mais humildes".

O mesmo Façanha que se colocava como parceiro de compositores "mais humildes" havia sido o responsável pela exclusão de "Tamandaré" do show de Chico Buarque. Para explicar o porquê de uma decisão tomada tão em cima do fato, o censor justificou-se dizendo que apenas no dia anterior havia tomado conhecimento do teor da letra. Em resposta a Odete Lara, que criticara a proibição da venda do compacto, Façanha explicou que a decisão fora tomada em consonância com as mesmas regras estabelecidas para retirar a música do show. E acrescentou: nenhuma culpa deveria ser imputada ao Serviço de Censura por eventuais prejuízos econômicos, já que a "música não deveria ter sido gravada sem a nossa autorização". Num primor de desfaçatez, Façanha chegou a se declarar a jornalistas como fã de Chico Buarque, mas disse que o músico fora infeliz ao debochar do patrono da Marinha. Outro censor, Washington Vaz de Melo, foi na mesma linha de seu colega e defendeu a censura como uma forma de impedir que o patrono da Marinha Brasileira fosse vítima de gestos ofensivos e desrespeitosos.

Cinco dias depois, "Tamandaré" seria completamente proibida. Façanha defenderia sua atitude, a opção pela interdição definitiva, como um gesto de grandeza de sua parte. Extrapolando qualquer parâmetro de bom senso, o censor se explicava: "Preferi optar pela interdição da música a liberá-la mutilada", o que seria "mais desagradável para o compositor, que teria a sua expressão artística alterada por terceiros". Por fim, Façanha admitia: "Os cortes não suprimiriam o caráter irreverente da letra". A decisão de Façanha ia assim contra a opinião de dois outros colegas censores, que teriam se manifestado pela liberação da música com apenas alguns cortes pontuais. A censura que impedia Chico Buarque de pela primeira vez interpretar uma composição de sua autoria era a mesma que havia interditado a música "Mamãe não quer dar", do quase desconhecido Otolino Lopes, e a peça *O senhor Puntila*, de Bertolt Brecht, uma das glórias do teatro mundial.

*

Chico Buarque nem chegaria a se preocupar muito com a censura a "Tamandaré". Compositor mais popular daquela época, ele estava à frente de um sucesso incomparável com o lançamento de "A banda".

Música de estrutura simples e com alto potencial de apelo popular, "A banda" foi incluída como faixa de abertura do álbum *Chico Buarque de Hollanda*, primeiro de muitos discos de sucesso do cantor, lançado em 1966. Na época, o compositor ainda não havia adotado a versão mais simples do sobrenome: Holanda. A capa desse LP se transformaria num dos mais conhecidos memes envolvendo o compositor, que aparece lado a lado em duas fotos: numa versão, triste; noutra, risonha.

De forma instantânea, "A banda" se revelaria um estrondoso sucesso de público, vendendo 55 mil cópias do compacto em apenas quatro dias após seu lançamento – marca impressionante para qualquer um, ainda mais para um artista estreante em disco.

"A banda" era uma canção que exaltava a alegria num período de tristeza e de desilusão, que a muitos cativava pela simplicidade da estrutura e pela força do recado dado de forma tão direta. Da mesma forma que a bandinha a todos encantava ao circular pela cidade, "A banda", de Chico, acertou precisamente no sentimento geral que tomava conta do país. Equilibrando-se entre a felicidade e a melancolia, a canção ganhou um caráter universal, agradando mesmo aos que nem noção tinham da mensagem da letra. "A banda" foi regravada por artistas de países como Itália, França e Estados Unidos.

Em agosto de 1966, saudado pelo jornal *O Globo* como o artista de maior relevância no momento por causa da boa aceitação de "A banda", Chico também era exaltado por outros sucessos, como "Olê, olá" e "Pedro pedreiro". Na entrevista ao jornal carioca, ele enumerava suas admirações artísticas: "Vultos da música brasileira, para mim, são: Noel Rosa, Ismael Silva, Ataulfo Alves, Tom Jobim, Dorival Caymmi, Baden Powell e Vinicius de Moraes". A preferência musical de Chico, que ainda abria espaço para Braguinha, Herivelto Martins, Assis Valente e Pixinguinha, revelava uma ortodoxia inesperada para um compositor de sua idade, que começava a construir um repertório constituído não apenas por sambas, mas também por marcha-ranchos, modinhas, choros e canções. Sobre a Jovem Guarda, então no topo das paradas, Chico dizia: "Sinceramente, não me atingem em nada. E tem mais uma coisa: o fenômeno publicitário do iê-iê-iê, no meu entender, é genial. Mas a mim, particularmente, a Jovem Guarda ainda não incomodou".

Chico seria ainda mais explícito em algumas posições dois anos depois, em entrevista à revista *Fatos & Fotos*: "Muitos já se precipitaram em atacar a intromissão do som eletrônico na nossa música. Pessoalmente, eu não simpatizo muito com a estridência das guitarras, mas procuro isentar-me de preconceitos". E disse mais: "É inegável que o violão elétrico acrescenta à música uma série de sons novos e toda uma harmonia diferente de composições. O que me parece perigoso é a ideia de 'som universal' ou 'pop' para justificar este movimento". Concluiu fazendo uma defesa da música brasileira, dizendo que o samba já provara diversas vezes ser exportável, não como música internacional, mas justamente por ser tão brasileiro. "Eu também apreciei o último disco dos Beatles, mas prefiro ainda Mário de Andrade quando ele diz que toda música de um país que procura se 'universalizar' ou se 'internacionalizar' acaba caindo numa nacionalidade que não é sua."

Chico havia composto "A banda" no início de 1966 ao retornar de uma viagem à Europa, onde excursionara com a peça de teatro *Morte e vida severina*, musicada por ele a partir do poema de João Cabral de Melo Neto. No Brasil, ele logo a inscreveu no II Festival de Música Popular Brasileira, substituindo a que pensara em inscrever inicialmente, "Morena dos olhos d'água". A decisão foi acertada e o impacto, imediato. Além de cair no gosto popular, a canção ganhou o prêmio principal. No dia 10 de outubro de 1966, "A banda" foi anunciada como a vencedora do festival. A festa só não foi completa por causa de algo que até então nunca ocorrera em concursos daquele tipo: a composição de Chico Buarque, interpretada pelo autor e por Nara Leão, teve de dividir o primeiro lugar com "Disparada", de Theo de Barros e Geraldo Vandré, interpretada por Jair Rodrigues. Com "A banda", o músico ganhou 6,8 mil dólares como prêmio.

O mais impressionante: o empate foi proposto pelo próprio Chico. Em seu livro *A era dos festivais: uma parábola*, Zuza Homem de Mello recupera a história:

> Alguns jurados sentiam que "Disparada" era melhor música, mas votaram em "A banda". O que se percebeu é que

havia uma absoluta divisão do júri. Os votos foram contados. "A banda" tinha sete, "Disparada" tinha cinco. Seria essa a decisão final. Roberto Freire entregou o resultado a Paulinho Machado de Carvalho [comunicador e empresário, filho de Paulo Machado de Carvalho, fundador do grupo Record] do lado de fora e ouviu:

– Roberto, houve um impasse terrível. O Chico se nega a receber o prêmio.

– Mas por quê?

– Ele se nega. Disse que se foi votada "A banda" ele devolve o prêmio em público.

Ambos entraram na sala dos jurados. O que teria acontecido?

Enquanto o júri estava decidindo, Chico Buarque, já desconfiado de que iria ganhar, ouviu alguém afirmar: "Você ganhou". Parecia uma grande notícia, mas Chico foi para perto de Paulinho Carvalho e disse:

– Olha aqui, não deixa eu ganhar de "Disparada". Eu não posso levar esse prêmio sozinho.

– Como? O júri que decide.

– O júri pode decidir o que quiser. Eu não quero levar esse prêmio sozinho. Se "A banda" for a primeira, eu devolvo o prêmio em público.

Era uma decisão irrevogável. Paulinho viu que era sério, subiu correndo ao terceiro andar do predinho onde o júri estava reunido e, quando entrou na sala, disse:

– Tenho uma novidade para vocês. O Chico acaba de me comunicar que de jeito nenhum leva esse prêmio sozinho.

Depois de ouvir a opinião dos jurados, Paulinho desceu e propôs a Chico dividir o prêmio. Chico topou. Nenhum compositor soube desse acerto naquela hora. A todos eles foi dito que houve um empate em seis a seis.

Chico pediu que pelo amor de Deus não se contasse como fora o final da apuração: tinha consciência de que "Disparada" era melhor.

O caráter amplo e abrangente de "A banda" agradou aos mais variados públicos, sensibilizando até declarados conservadores, como o líder e escritor católico Tristão de Athayde, que se desmanchou em elogios à composição. Tristão dizia: "['A banda'], música de Chico Buarque, portanto, tem realmente uma ressonância popular autêntica". Para logo em seguida, entusiasmado, acrescentar: "Não é feita. É nascida. Não é de hoje. É de sempre". E, ainda emocionado, encerrar: "Acredito, por isso mesmo, que ['A banda'] não representa apenas uma moda passageira. Será, isso sim, o reflexo brasileiro do ritmo universal da revolução juvenil que se alastra por todos os continentes".

"A banda" não foi apenas um sucesso musical como também um sucesso literário. Em dezembro, a Editora Francisco Alves lançou um livro reunindo em letra e música as 18 canções mais conhecidas do autor, além de "Ulisses", um conto inédito. Para viabilizar a publicação, Chico reescreveu todas as canções e o conto de próprio punho em papel de seda especial, que serviu de matriz para impressão.

Enquanto Chico saboreava o merecido sucesso de "A banda", viajando pelo país e recebendo homenagens em todas as prefeituras onde houvesse coretos e bandas, a Censura não parecia estar à toa na vida, vendo as coisas passarem.

Naquele período, entre 1966 e 1967, Edgard Façanha continuava a ser lembrado por suas, digamos, façanhas – a tal ponto que, em dezembro de 1967, um grupo de artistas se reuniu no Teatro Santa Rosa, no Rio de Janeiro, para preparar um protesto contra a ação do censor. Em poucos dias, ele havia retalhado trechos da peça *Antígona*, de Sófocles, proibido quadros da Bienal de São Paulo e censurado um filme de Júlio Bressane e uma faixa do novo disco de Caetano Veloso.

À reunião promovida pelos artistas compareceram cerca de 200 profissionais ligados a teatro, cinema, música, literatura e artes plásticas. Todos se queixaram das arbitrariedades cometidas pelas autoridades da Censura e reconheceram a necessidade de uma ação imediata. Foi eleita, então, uma comissão integrada por seis membros – Betty Faria, Alex Viany, Ferreira Gullar, José Carlos Capinam, Carlos Vergara e Yan Michalski – que teria como tarefa a redação de um manifesto que serviria como um abaixo-assinado com a seguinte intenção: mostrar às mais altas autoridades a gravidade dos excessos que vinham sendo cometidos. O movimento contou com o apoio do deputado federal Márcio Moreira Alves, que se comprometeu a levar ao conhecimento dos seus pares os problemas abordados pela classe artística.

Em parte, a pressão dos artistas deu resultado. No último dia do ano de 1967, o ministro da Justiça, Gama e Silva, anunciou que a Censura deixaria de apreciar filmes, peças de teatro e programas de TV com base em noções político-policiais, passando a adotar critérios estéticos. Sobre música popular, o ministro não se manifestou. Apenas declarou aos repórteres que estava descontente com o funcionamento do órgão e que iniciaria nos próximos dias um trabalho de reformulação e reestruturação do Departamento Federal de Censura. À medida que as investigações determinadas pelo ministro Gama e Silva avançavam, ficou claro que as atividades não se caracterizavam apenas pela ação persecutória. Descobria-se também focos de corrupção no Serviço de Censura e Diversões Públicas, atingindo inclusive o diretor do Serviço de Censura na Guanabara, José Leite Otati, um dos acusados.

Porém, a decisão de Gama e Silva de criar uma Comissão Nacional de Censura acarretava um problema maior e mais grave. A intenção do ministro era entregar aos próprios intelectuais a missão de censurar obras de arte e espetáculos em geral. Revoltado, o cronista José Carlos Oliveira alertava em sua coluna no *Jornal do Brasil*: "Qualquer escritor ou artista que aceite semelhante tarefa estará traindo seus companheiros".

Como Chico Buarque, além da música, também se envolvera com teatro, já na primeira semana do novo ano teria a Censura em seu encalço. O problema agora seria a demora para a liberação da peça *Roda viva*.

*

Primeira grande incursão de Chico Buarque na dramaturgia como autor original – antes disso ele musicara *Morte e vida severina*, do poeta João Cabral de Melo Neto, uma montagem do TUCA (Teatro da Universidade Católica de São Paulo) premiada no Festival de Teatro Universitário de Nancy, na França –, *Roda viva* foi escrita no final de 1967 e contava a história de um ídolo da canção popular que decide mudar de nome para agradar ao público. Apesar do evidente exagero e do aspecto caricatural, o personagem central tinha muito de autobiográfico. Era quase que um retrato da transição do Chico bom moço para o Chico crítico. Encenada em dois atos, contando a ascensão e a queda de Benedito Silva, que passou a adotar o nome de Ben Silver, *Roda viva*, ao abordar a figura de um artista que se sujeita a manipulações, denunciava o contexto de uma indústria cultural e televisiva nascente no Brasil dos anos 1960 que, em muitos casos, tinha um caráter predatório. Num estilo agressivo, com o intuito de chocar o público, *Roda viva* discutia temas como a sociedade de consumo e a função política da arte.

"Nem sempre a música consegue comunicar ao público o que eu sinto", disse Chico em entrevista ao jornal *O*

Globo durante a leitura da peça *Roda viva* no Teatro Princesa Isabel, no Rio de Janeiro, três dias antes do Natal de 1967. Revelando sua grande produção, explicou: "Estou escrevendo várias músicas, desde canções até árias líricas. Fiz o texto em 25 dias, trabalhando sem parar. E o resultado foi 50 laudas, dois atos e uma história que termina com um *happening* num auditório de TV".

O processo de criação havia sido rápido, mas não instantâneo. Dois meses antes, na coluna de Carlos Swann, no mesmo jornal, era registrada a notícia de que Chico Buarque estava atemorizado com o monstro chamado fama e que procurava fugir à terrível condenação que é a vida dos ídolos. A coluna até adiantava um trecho da nova composição que falava sobre o sentimento do compositor, em que Chico dizia: "Tem dias que a gente sente no nosso destino mandar/ Mas eis que chega a roda viva e carrega o destino para lá". Com algumas pequenas variações, a letra seria ampliada, ganharia um título, "Roda viva", e daria nome ao espetáculo

Roda Viva teria sua exibição liberada no dia 10 de janeiro de 1968, com a Censura determinando a restrição de idade para maiores de catorze anos. A estreia do espetáculo, dirigido por José Celso Martinez Corrêa, foi então confirmada para o dia 15 de janeiro. Faziam parte do elenco Marieta Severo, Heleno Prestes e Antônio Pedro nos papéis principais.

A estreia do espetáculo deu um nó não apenas na censura como também em boa parte do público, como flagrou o crítico teatral Yan Michalski em seu texto para o *Jornal do Brasil*. "Nunca vi um público mais desorientado e perdido do que o fã-clube adolescente de Chico Buarque que lotava completamente o Teatro Princesa Isabel na estreia de *Roda viva*." Michalski seguia com o roteiro confuso que se estabelecera: "As menininhas foram assistir a uma peça musical de Chico, com cuja arte possuem amplas afinidades; mas acabaram assistindo a um espetáculo de José Celso Martinez Corrêa; e as afinidades das menininhas com a arte de José Celso já são muito mais discutíveis". Para o crítico, "*Roda viva* me pareceu ser, surpreendentemente, um dos espetáculos mais alienantes e alienados dos últimos tempos". E concluiu: "Chico Buarque, coitado, que compôs para *Roda viva* várias músicas da sua inconfundível lavra, não tem culpa nenhuma dessa alienação".

Numa linha ainda mais agressiva se posicionou o crítico Martim Francisco em *O Globo*, que já no primeiro parágrafo entrava rachando. Referindo-se ao autor, o crítico escrevia: "É lógico que lhe cabe todo o direito de tentar o que bem quiser, mas pelo que se pode julgar do script dos trechos audíveis nesse grande barulho por nada que é *Roda viva*, o material é fraco, sem nada da agressividade que a mise en scène pretende ter". A virulência cresceria logo em seguida, com o comentarista classificando a peça como "fatigante", "mistificação" que só pode "enganar os ingênuos", dizendo que "estes, talvez, saiam do teatro achando que assistiram a alguma coisa moderna – *pour épater les bourgeois*, como dizem na peça".

Martim Francisco ainda atacava Zé Celso por "todo o achincalhe à religião católica" e lamentava que um grande ator como Paulo César Pereio ficasse restrito aos "cantos do cenário, apenas esperando a deixa para dizer mais um palavrão". Ao final, nem o autor escapava: "Uma estranha impressão: depois de assistir a *Roda viva* a gente pensa – e a música? Não ficou lembrança. Onde está Chico Buarque?". Para não dizer que não sobrou pedra sobre pedra, Martim Francisco pelo menos elogiava Marieta Severo na legenda da foto: "Está muito linda".

Se a crítica havia sido pesada, a Censura apertaria ainda mais o garrote em *Roda viva* ao elevar, menos de um mês depois da liberação, a restrição de idade de maiores de 14 para maiores de dezoito anos. A alegação dos censores era de que foram feitas modificações nas marcações depois do ensaio geral, dando ao espetáculo "uma nova dimensão e um sentido mais contundente". A decisão foi tomada por Manoel Felipe de Souza Leão, diretor do Serviço de Censura da Polícia Federal, que justificou a medida tomada como um limite ao acréscimo de ideias novas que ocorreram ao seu diretor, possivelmente no afã de procurar um aprimoramento do espetáculo".

A situação ganharia nova dimensão a partir do dia 12 de fevereiro, quando um protesto contra a censura levou a classe teatral à decretação de uma greve de 72 horas no Rio de Janeiro e em São Paulo. Reunidos em uma concentração na escadaria do Teatro Municipal carioca e portando cartazes e faixas, os artistas reclamavam da ação da Censura Federal que havia proibido a encenação das peças *Um bonde chamado desejo*, de Tennessee Williams, *Senhora da Boca do Lixo*, de Jorge de Andrade, e *Poder negro*, de LeRoi Jones, além de suspender por trinta dias os atores Oscar Araripe e Maria Fernanda.

*

A suspensão dos dois atores é um exemplo clássico de como os censores se comportavam naquele período. Maria Fernanda – atriz e filha da poeta Cecília Meireles – era a protagonista de *Um bonde chamado desejo* e, na noite de 8 de fevereiro de 1968, abriu a temporada da peça em Brasília da seguinte maneira: "Senhoras e senhores. Em respeito ao público pagante, vimos declarar que a peça *Um bonde chamado desejo*, que vamos levar agora, teve cortes da censura". Logo em seguida, completou: "Os cortes serão mantidos por obediência, não por concordância, e a peça sofrerá uma pausa, em silêncio correspondente a cada corte. Pedimos, por isso, a compreensão do público".

Pelo gesto, os censores, não satisfeitos com os cortes, determinaram que Maria Fernanda e Oscar Araripe, também ator e então marido da atriz, recebessem uma notificação para pagar uma multa ao Serviço de Censura pelo uso de três expressões: "Você parece uma galinha", "Vaca no cio" e "Essa minha mulher é uma vaca no cio".

Indignado, o casal foi ao gabinete do chefe do serviço de Censura, Manoel Felipe de Souza Leão Neto, para pedir explicações sobre a punição. Souza Leão se recusou a prestar esclarecimentos e ainda afirmou que a Censura não devia satisfações a ninguém. Mais: sob a justificativa de que "os atores se conduziram de maneira desrespeitosa e descortês ante autoridades censórias, o governo decidiu suspender as atividades profissionais dos dois atores por um período de trinta dias, além de proibir a apresentação da peça em Brasília por prazo indeterminado".

Maria Fernanda então fez um apelo aos colegas da classe teatral: "Protestem violentamente contra o estado de ditadura que reina no país". E explicou seu posicionamento: "Esses atos despóticos do chefe de censura, sr. Souza Leão, não representam o pensamento do governo para com a cultura, porque homens como o sr. Pedro Aleixo, vice-presidente da República, e o deputado Ernany Sátiro (PB), líder da Arena, mostraram a melhor boa vontade para resolver o problema". A atriz ainda comunicou que, embora discordasse dos pontos censurados, gostaria de prosseguir com a apresentação da peça, obedecendo a lei.

A agitação promovida por Maria Fernanda causou barulho e recebeu de imediato o apoio da Associação de Escritores de Brasília, além de diversos intelectuais e também parlamentares. O fato chegou inclusive a ser debatido no plenário da Câmara dos Deputados naquela semana.

Após o deputado Cid Carvalho (MA), então vice-líder do MDB na Câmara, ter condenado a ação de censura, outro deputado, Geraldo Freire (MG), da Arena, posicionou-se do outro lado: "Não se pode abusar do teatro para comprometer os destinos espirituais da cultura brasileira". O deputado ainda fez questão de solidarizar-se "com o general Façanha, porque teve a coragem de defender a moralidade e a cultura". Na discussão, Freire foi interrompido por um brado de "Façanha fascista!" vindo de outro deputado, Oswaldo Lima Filho (PE), do MDB, mas continuou seu discurso: "Bendito fascismo, se assim for. Se o fascismo for defensor da cultura, então o fascismo não é aquela doutrina que eu sempre condenei, a doutrina da força e da opressão da inteligência. Se o fascismo, de um lado, oprime a inteligência e a cultura, por outro lado este emporcalhamento da arte do bom gosto oprime a personalidade humana".

*

Ouvido pelos colegas, o apelo de Maria Fernanda foi se transformar numa greve dos artistas decidida em uma assembleia-geral realizada na madrugada de domingo, dia 11 de fevereiro de 1968. A decisão foi a forma encontrada pela classe artística para expressar publicamente seu protesto contra as arbitrariedades da censura. Uma das polêmicas envolvia o excesso de palavrões em muitas peças censuradas. Porém, curiosamente, esse tipo de censura – conforme os artistas puderam perceber – contava com o apoio moralista de boa parte do público, o que obrigou o poeta Ferreira Gullar a contornar o problema com o seguinte argumento: "Não defendemos o palavrão, defendemos a cultura".

O movimento dos artistas de teatro passaria a ser coordenado por uma comissão de intelectuais integrada por nomes que já vinham tendo problemas com a Censura, como Chico Buarque, Antônio Callado, Glauber Rocha e Juca Chaves, e até notórios conservadores, como Alceu de Amoroso Lima, o Tristão de Athayde (pseudônimo que adotou ao assinar sua primeira crítica literária em *O Jornal*, em 19 de junho de 1919, e que continuaria usando pelo resto da vida), e Abelardo Barbosa, o Chacrinha, ousado nos costumes, mas politicamente afinado com a direita e com os que estavam no poder. Havia ainda o caso único de Nelson Rodrigues, homem de espírito conservador e apoiador de primeira hora do golpe de 1964, mas que também era historicamente um dos autores teatrais mais perseguidos pela Censura. Completavam a lista nomes acima de qualquer suspeita pela grandeza de suas colaborações à vida brasileira, como Otto Maria Carpeaux, Oscar Niemeyer, Grande Otelo, Vinicius de Moraes e Cacilda Becker.

Era o dia 13 de fevereiro de 1968. Exatos dez meses depois tudo iria piorar – e muito.

*

Cutucando a onça com vara curta, os artistas mostravam-se corajosos ao afrontar os censores. Uma passeata, tendo à frente as atrizes Eva Todor, Tônia Carrero, Eva Wilma, Leila Diniz, Odete Lara e Norma Bengell, mobilizou milhares de manifestantes que pretendiam chegar ao Monumento aos Pracinhas no parque Eduardo Gomes, no bairro da Glória, no Rio de Janeiro, para colocar uma coroa de flores em homenagem aos que lutaram contra o fascismo na Itália. Um dos cartazes não deixava dúvida sobre qual postura os manifestantes pretendiam adotar: "A diferença entre um censor e um burro é o olhar inteligente do burro". Porém, como a Secretaria de Segurança não permitiu o acesso ao Monumento aos Pracinhas, a solução encontrada pelos artistas foi depositar a coroa na grama, fora da área que estava sob a guarda da Polícia do Exército. Ainda assim, Tônia Carrero, ao tomar a palavra para fazer o comunicado sobre essa decisão, acabou sendo detida por um tal de tenente Derci, que se apresentava como o comandante da Guarda do Monumento aos Pracinhas. O tenente concluíra que Tônia estava fazendo um comício – o que havia sido proibido –, mas depois, alertado por alguns colegas, tomou conhecimento de que o gesto da atriz não tinha nada de subversivo. A prisão foi imediatamente desfeita.

Assim – entre manifestações e prisões revogadas –, o ano já estava em junho, seis meses depois da promessa de Gama e Silva, e a censura continuava ativa. O ministro nem sequer havia entregado ao presidente o novo projeto da censura. A alegação dele era de que o anteprojeto da nova legislação ainda se encontrava em fase de estudos na Consultoria Jurídica do Ministério.

A barra pesaria ainda mais no mês seguinte e, novamente, com *Roda viva* no epicentro. Na noite de 18 de julho de 1968, o Teatro Ruth Escobar, em São Paulo, foi invadido por integrantes do Comando de Caça ao Comunismo (CCC, organização paramilitar brasileira de extrema-direita atuante nos anos 1960 e integrada por um grupo de estudantes universitários de São Paulo que recebiam treinamento do Exército brasileiro). Os invasores agrediram os artistas e destruíram cenários e roupas de *Roda viva*. Revoltado, Chico Buarque se declarava frustrado por ter participado de uma comissão que foi ao ministro da Justiça e dele ouviu a promessa de que a Censura não mais incomodaria os artistas. Agora, tudo piorara. A censura não apenas continuava presente como os artistas se sentiam ameaçados por grupos radicais.

A revolta de Chico vinha acompanhada de uma sensação de impotência, já que o músico se dizia impressionado com o descaso das autoridades policiais, como no dia em que houve a invasão. Na ocasião, a equipe da peça conseguiu deter um dos depredadores e o encaminhou à delegacia. "Só faltava rirem de mim", lamentava-se o compositor, para quem a invasão do teatro não poderia ser tratada como um fato isolado, já que houve um deliberado "descuido das autoridades policiais". Chico lembrou: "Eles foram advertidos de que estávamos sendo ameaçados desde cedo e ninguém deu bola. Isso revela uma certa cumplicidade não sei com quem, mas destrói a hipótese de a invasão ter sido atitude isolada ou passional de algum grupo que não tenha gostado da peça".

De forma virulenta, o censor Mário Russomano chamou Chico Buarque de "débil mental" por ter escrito a peça teatral *Roda viva*, que, segundo ele, "não respeita a formação moral do espectador". Chico não deixou o censor sem resposta e, em entrevista publicada em *O Estado de S. Paulo*, rebateu: "Eu assumo totalmente a responsabilidade pelo espetáculo. Era justamente aquilo que eu queria dizer. Se tivesse de escrever e montar *Roda viva* novamente, faria a mesma coisa". E completou: "Eu nunca disse a ninguém que era bonzinho, eles é que criaram essa imagem".

Pelos próximos meses, *Roda viva* continuaria sendo marcada por perseguições. Em outubro seria a vez de o coronel Aloysio Muhlethaler, diretor do Serviço de Censura, suspender definitivamente em todo o país a encenação da peça escrita por Chico Buarque. A decisão partiu de um pedido formulado por setores militares do Rio Grande do Sul. Em nota oficial distribuída na noite do dia 4 de outubro de 1968, a Censura tentava se explicar justificando que a peça estava sendo vetada "em face da prepotência dos responsáveis pela exibição – agressivos às ordens das autoridades da censura e rebeldes às leis que protegem a sociedade". Afirmava ainda que a mesma peça "conclama o público burguês a se levantar, incitando-o a derrubar a ditadura que se implantou no Brasil, objetivando a implantação de um governo popular".

Excetuando o fato de admitir que o Brasil vivia, sim, numa ditadura, a nota oficial não trazia nada de novo. Apoiada pelo Departamento de Polícia Federal, a manifestação do Serviço de Censura frisava que a peça havia sido toda deturpada, com a inclusão de palavrões inexistentes no texto original, e procurava ridicularizar as religiões, o governo e as Forças Armadas.

Ainda segundo a nota, a proibição da exibição da peça em Porto Alegre teve um caráter preventivo, já que – conforme o comunicado recebido pela Censura em telegrama enviado pelo delegado regional do DPF do Rio Grande do Sul, general Ito do Carmo Guimarães – a direção-geral da Polícia Federal fora informada de que "reina tensão e geral repulsa na capital gaúcha, com perspectivas de consequências muito graves".

O documento emitido pela Censura transferia a culpa para os produtores do espetáculo, lembrando que a liberação da peça havia ocorrido sem qualquer anormalidade, pois o "script e o ensaio geral apresentados ao Serviço de Censura para exame prévio não continham qualquer atentado contra os dispositivos do decreto 20.493, de 24 de janeiro de 1946". Porém, informava a Censura, a empresa teatral não acatara as determinações, e os artistas não respeitaram as marcações iniciais, "promovendo improvisações – cujas sandices estiveram fora de qualquer limitação etária e ultrapassaram as raias do que seria permissível em espetáculo de diversão pública".

O lado mais absurdo do texto surgia em todo o seu esplendor ao final da nota, quando o Serviço de Censura de Diversões Públicas lamentava que os responsáveis pela peça tenham se negado a dialogar e também a buscar um entendimento, "não aceitando as imposições da Censura Federal". E encerrava: "As táticas subversivas, sob os mais variados aspectos, continuavam no palco, envenenando a sociedade, solapando o regime e ridicularizando as autoridades constituídas". A nota era finalizada da seguinte maneira: "Num processo de ridicularização, a peça apresenta artistas com indumentárias de sacerdotes, soldados e, inclusive, a Virgem Maria sendo possuída pelo anjo. Há cenas de 'mulheres com mulheres' e de 'homens com homens'".

Roda viva havia estreado na capital gaúcha, no Teatro Leopoldina, numa quinta-feira, 3 de outubro de 1968. A previsão era de que a temporada no Sul durasse no mínimo 27 dias e rendesse 33 encenações. Na primeira exibição estavam no teatro 837 espectadores, sendo que duas centenas eram convidados especiais (políticos, advogados, jornalistas, intelectuais) que os organizadores acreditavam que fossem representativos da sociedade gaúcha, por sua projeção política e social. A estratégia, num primeiro momento, deu certo. Naquela estreia, o espetáculo foi interrompido várias vezes pelos aplausos do público.

Porém, a resposta reacionária não tardou. Na mesma noite, centenas de panfletos foram distribuídos na plateia denunciando que o espetáculo se destacava pelo caráter "atentatório às sagradas tradições da família gaúcha". Um outro folheto era ainda mais direto: "Hoje preservamos a integridade física dos atores; amanhã, não".

Em Porto Alegre, as ameaças eram mais do que escritas. No dia seguinte à estreia, o teatro amanheceu pichado com frases de condenação à peça, como "Chega de subversão" e "Comunas fora".

Na mesma tarde, o diretor Zé Celso e outros 28 integrantes do elenco retornaram a São Paulo. A situação em

Porto Alegre parecia tão grave que até a peça *Navalha na carne*, de Plínio Marcos, com Tônia Carrero no elenco e estreia prevista para o dia 27 daquele mês, teve suas apresentações canceladas por falta de segurança.

Mesmo com a volta a São Paulo, Zé Celso e o elenco de *Roda viva* seguiriam assombrados pelos acontecimentos da capital gaúcha. A intenção do diretor era voltar a encenar a peça "logo e de qualquer forma". A situação se agravara pelo fato novo de três atores, ao chegarem a São Paulo, revelarem terem sido ameaçados, agredidos e insultados em Porto Alegre.

Com a proibição, a produção tentou impetrar um mandado de segurança por intermédio do advogado gaúcho Werner Becker, mas cinco juízes da cidade, consultados anteriormente, disseram que não concederiam a liminar. A situação era tão insegura, lembraria a atriz Elizabeth Gasper, que o grupo, depois das ameaças, procurou o secretário de Segurança do Estado, o general Ibá Ilha Moreira, que, segundo Elizabeth, os recebeu mal e disse: "Proteção pra quê? Todos os elementos dessa peça deviam estar na cadeia".

Elizabeth acrescentaria ainda que, quando os atores voltavam para a casa onde muitos estavam hospedados, três integrantes do grupo – Romário José, Marcelo Bueno e Amilton Monteiro – mais a própria Elizabeth e outro membro, identificado apenas pelo apelido Zelão, foram raptados por homens que jogaram os cinco em três carros. "Sofremos uma guerra de nervos. Eles rodavam pela cidade, paravam em lugares afastados e nos faziam ameaças de morte", recordaria a atriz dias depois.

*

No período entre julho e outubro de 1968, com *Roda viva* num redemoinho de polêmicas e perseguições, Chico

Buarque se veria envolvido em uma situação inédita em sua carreira: ser vaiado no Maracanãzinho. O ginásio lotado discordara da decisão do júri de que "Sabiá", música de Antônio Carlos Jobim com letra de Chico, fosse a vencedora do III Festival Internacional da Canção da TV Globo.

A favorita do público era "Pra não dizer que não falei de flores" (ou "Caminhando", como ficou conhecida), composição de Geraldo Vandré. Com uma estrutura muito simples, descendo do modo menor para o maior um tom abaixo e subindo novamente, numa repetição constante desse movimento de ida e vinda, a canção gerou empatia instantânea com o público. Assim, quando Hilton Gomes, o apresentador do festival, anunciou que a música ficara em segundo lugar, de imediato o público começou a se posicionar de pé para vaiar o anúncio da vencedora. Indo em direção ao microfone para interpretar sua música, Vandré tentou contemporizar: "Olha, eu acho uma coisa só: Antônio Carlos Jobim e Chico Buarque merecem todo o nosso respeito". De nada adiantou. As vaias aumentaram. Vandré terminou de cantar, o público aplaudiu, mas logo voltou a vaiar.

A manifestação de contrariedade, intensa e furiosa, não parou. O público não deu um segundo de sossego. Aturdido, Tom Jobim – aos 41 anos e já reconhecido como o maior compositor brasileiro – se sentiu impotente naquela que foi sua primeira participação em um festival. Anos mais tarde, Paulinho Jobim, seu filho, recordaria que aquele havia sido para Tom "o dia mais negro de sua vida".

Porém, Vandré teve ali o ponto alto de sua carreira.

Cantador nordestino, seco e *enragé*, que encontrou em seu violão e na poesia uma maneira de enfrentar a ditadura e qualquer espécie de poder, Geraldo Pedrosa de Araújo Dias tornou-se o exemplo maior de um artista que chegou ao ápice – e foi destruído. Nascido em João Pessoa, Paraíba, em setembro de 1935, ele surgiu para o grande público em 1966 – quando sua "Disparada", parceria com Theo de Barros e interpretada por Jair Rodrigues, como vimos, empatou em primeiro lugar com "A banda", de Chico Buarque.

"Disparada" era uma música diferente de quase tudo o que vinha sendo ouvido até então. Ao fazer uma comparação entre o abuso das classes sociais pobres pelas mais ricas com a exploração das boiadas pelos boiadeiros, Vandré inaugurou uma vertente artística com capacidade de metaforizar a situação de desigualdade no Brasil. À poesia árida, quase agreste, dos versos de Vandré se juntava a interpretação vigorosa de Jair Rodrigues, que – dando uma dimensão cênica ainda maior – se fez acompanhar no palco por uma queixada de burro usada como instrumento de percussão pelo músico Airto Moreira.

O impacto visual e sonoro foi instantâneo. A atenção da Censura e dos militares, também.

Um ano antes, quando Vandré e Chico Buarque estavam do mesmo lado numa disputa musical, o primeiro defendeu "Sonho de Carnaval", composição do segundo que foi uma das concorrentes no I Festival da Música Popular Brasileira.

Porém, a partir de "Disparada", Vandré começaria a seguir novos rumos artísticos.

Em 1968, com "Pra não dizer que não falei de flores", canção politicamente ainda mais áspera do que "Disparada", Vandré criou um hino de resistência do movimento estudantil que fazia oposição à ditadura durante o governo militar. O refrão ("Vem, vamos embora/ Que esperar não é saber/ Quem sabe faz a hora/ Não espera acontecer") foi visto como provocador e interpretado pelos militares como uma convocação à luta armada.

Apesar do grande apelo popular, desta vez Vandré não levaria a primeira colocação. E isso parecia ser pedra cantada, como, anos mais tarde, Walter Clark, diretor da Globo, confirmaria em sua autobiografia ao contar que recebeu do Alto Comando do 1º Exército a orientação de que a música não deveria ganhar o festival.

O sucesso popular do compositor duraria pouco. Com a mesma rapidez com que se transformou num dos principais artistas a afrontar a ditadura, entre o final dos anos 1960 e o começo da década seguinte, Vandré entraria em desgraça.

O começo do fim – talvez não por acaso – aconteceria a partir do dia 13 de dezembro de 1968, data do AI-5, quando ele realizou seu último show em um palco brasileiro, em Anápolis, Goiás. A seguir, por conta própria, partiu para o exílio, viajando pelo Chile, Uruguai e por países da Europa. Só voltaria ao Brasil em 1973. E jamais repetiria o êxito anterior.

Nas décadas seguintes, Vandré seria banido da história da música brasileira. Depois da perseguição política sofrida, o compositor acabou formando ao seu redor um círculo de silêncio e vivendo longos períodos de reclusão, quase que em completo ostracismo.

Em 2015, em homenagem aos seus oitenta anos, o músico voltou a ser lembrado com o lançamento de duas biografias: *Geraldo Vandré: uma canção interrompida* (do jornalista Vitor Nuzzi) e *Vandré: o homem que disse não* (do jornalista Jorge Fernando dos Santos). De pouco adiantou.

Hoje, ausente quase que de maneira completa de qualquer atividade musical comercial, Vandré leva uma vida simples de funcionário público aposentado. Reside no Rio de Janeiro, para onde se mudou desde São Paulo após a morte da esposa em 2021 e, em 2023, numa rara entrevista ao jornal *Folha de S. Paulo*, reafirmou sua opção pelo silêncio. "Estou fora de atividade e não tenho o que reportar. Não estou fazendo nada." Numa triste e melancólica nota final, "Pra não dizer que não falei de flores" voltaria a ser lembrada em ato organizado por Jair Bolsonaro e seus apoiadores na Avenida Paulista em fevereiro de 2024. Ironicamente, a canção foi incorporada ao repertório de defensores daquilo que Vandré criticava.

*

Na edição de 14 de dezembro de 1968, o *Jornal do Brasil* trazia a manchete "Governo baixa Ato Institucional e coloca Congresso em recesso por tempo ilimitado". Era a chegada do AI-5, anunciada de maneira cifrada na capa do mesmo jornal em duas referências, ambas no alto da página. A da direita lembrando que o dia anterior havia sido o Dia dos Cegos. A da esquerda, em forma de previsão do tempo, dizendo que o "Tempo é negro. Temperatura sufocante. O ar está irrespirável. O país está sendo varrido por fortes ventos".

José Bonifácio, parlamentar da Arena e presidente da Câmara dos Deputados, declarou que o Congresso fora "fechado por fato consumado". Bonifácio não deixava muito claro o que queria dizer com a frase, mas para os demais parlamentares o clima pesado não deixava dúvidas. O ambiente na Câmara, em especial à tarde, quando foi realizada a última sessão antes de o governo decretar o recesso, era de completo nervosismo. Ninguém sabia explicar o que poderia acontecer, mas o sentimento era de insegurança. "Durante as 24 horas que os separaram da edição do ato de ontem, os políticos foram o retrato vivo da impotência", diagnosticou o jornalista Carlos Chagas em sua coluna em *O Globo*.

O colunista Ibrahim Sued – sempre bem-informado e, mais ainda, próximo do poder – tripudiava numa pequena nota: "Eu sempre adverti, não catuquem [*sic*] a onça. Ela é calma, liberal, mas não gosta de ser catucada [*sic*]. Não aceitaram meus conselhos, agora aguentem as consequências". E, para não deixar qualquer dúvida de qual era a sua posição naquele momento, Ibrahim encerrava o texto com o "Pensamento do dia": "Viva a Revolução de 1964!".

Chico Buarque, naquele dia, ainda não havia sido importunado pela Censura. A única referência ao compositor na edição do *JB* tratava da vaia que ele havia recebido dos tropicalistas no último dia do Festival da Record.

2
Vai, meu irmão, pega esse avião

O AI-5 não havia completado nem um mês e já havia ficado claro para os artistas que o governo não pretendia afrouxar as perseguições, tampouco diminuir a atuação da Censura. Os primeiros atingidos foram Caetano Veloso e Gilberto Gil. O novo decreto entrara em vigor havia menos de uma quinzena quando os dois músicos foram detidos. Caetano e Gil já vinham sendo observados pelo menos desde outubro, quando o primeiro, acompanhado dos Mutantes, começou uma série de shows na boate Sucata, de Ricardo Amaral, no Rio de Janeiro. Gil e Gal Costa eram músicos convidados.

No palco, destacava-se um desenho de Hélio Oiticica, "Seja marginal, seja herói", em que o artista homenageava o bandido Cara de Cavalo, acusado de matar um policial e, por isso, ter se tornado uma das primeiras vítimas do Esquadrão da Morte carioca. Mas o detonador da ação da repressão seria a notícia – nunca confirmada – de que o show tratava de forma desrespeitosa o Hino Nacional. Foi o suficiente para oficiais da Academia Militar das Agulhas Negras agirem e, na manhã do dia 27 de dezembro, acordarem à força Caetano e Gil, que dormiam na casa do primeiro no centro de São Paulo. Levados ao Rio, eles tiveram as cabeças raspadas, foram interrogados e ficaram detidos em um quartel.

Mesmo sem nenhuma acusação formal, os dois só foram soltos mais de um mês depois, na Quarta-Feira de Cinzas de 1969. Postos em prisão domiciliar em Salvador, eles não podiam trabalhar e tinham que se apresentar diariamente à Polícia Federal. Seria este o cotidiano de Caetano e Gil pelo menos até julho daquele ano, quando o governo admitiu que a solução para os dois poderia ser o exílio. Para arrecadar fundos, os artistas puderam fazer shows, registrados no disco *Barra 69*, e, na semana seguinte, foram autorizados a viajarem com as mulheres e o empresário. "Caetano e Gil se mandaram desta paróquia, mas Gil teve o cuidado de deixar um sambão da melhor qualidade, já ameaçando as paradas de sucessos do país. Trata-se de 'Aquele abraço'", escreveu o crítico musical Sérgio Bittencourt, em tom de despedida.

Caetano e Gil ainda estavam em seus primeiros dias de confinamento quando, no dia 4 de janeiro de 1969, Chico partiu em viagem previamente marcada à Itália e, temendo ser preso na volta, decidiu ficar por lá mesmo. Anos depois, em depoimento ao livro *Chico Buarque – Para Todos*, de Regina Zappa, Chico confessaria que optou por morar na Itália depois de ter sido alertado por Caetano Veloso. Numa carta enviada pelo baiano estava a senha: "O tenente amigo mandou dizer para você nem pensar em voltar".

Chico nem pensou. E deu início em Roma a uma nova temporada de sua vida, mais tranquila – porém mais incerta. No período romano, Chico aproximou-se de Garrincha e de Elza Soares (que estavam morando na capital italiana), passava longos períodos jogando botão, integrava o time de futebol de salão comandado pelo cantor Gianni Morandi e dividia feijoadas com Glauber Rocha, que morava por lá na mesma época.

De início, Chico acreditou que poderia se manter fazendo shows em Florença, Mônaco, San Remo, mas como não era um músico tão conhecido na Europa e, ainda por cima, cantava num idioma pouco ouvido, ele logo percebeu que os convites para apresentações seriam raros. Sem condições de recusar ofertas, Chico aceitou sair em turnê pela Europa acompanhado de Toquinho, abrindo shows para a diva do jazz Josephine Baker.

Morando na Itália com a mulher, Marieta, e a primeira filha, Sílvia, Chico Buarque ficaria um pouco esquecido pela Censura e fora das implicâncias mais diretas. No primeiro semestre de 1969, a Censura, por exemplo, se mostrava mais preocupada em advertir o apresentador Silvio Santos – sujeito que nunca afrontou o regime e apoiador entusiasmado do governo militar – por ter promovido um concurso em que o vencedor seria o candidato que aceitasse beber mais litros de purgante. De acordo com a Censura, essas práticas "ofendem os princípios de respeito à personalidade humana e colocam em risco a integridade física dos candidatos".

Daquela fase, a grande mudança na vida do compositor seria a troca de gravadora: ele deixaria a RGE e assinaria contrato com a Philips, integrando-se a um elenco que já tinha Elis Regina, Edu Lobo, Baden Powell, Caetano Veloso, Gilberto Gil e Gal Costa. Já em Roma, Chico tentava se adaptar à nova rotina, em parte atuando como correspondente informal do *Pasquim* ou, então, fazendo o que sabia fazer de melhor: compor. São dessa época as músicas "Samba e amor", "Agora falando sério" (também uma autocrítica à imagem que tinha de bom moço, em que diz: "Dou um tiro no cachorro/ Um chute no lirismo/ Um pega no sabiá/ ...e corro para não ver a banda passar"), "Samba de Orly" (que originalmente era para ser "Samba de Fiumicino", mas o aeroporto italiano era menos conhecido – e menos musical – do que o francês) e... "Apesar de você".

Chico pretendia voltar ao Brasil no começo de 1970, quando entraria numa temporada de shows na boate Sucata. O reencontro de Chico com o Brasil se confirmaria no dia 21 de março daquele ano. Às oito da manhã, o compositor – acompanhado da mulher, Marieta, da filha de onze meses, Sílvia, e da babá Margarita, que veio conhecer o Brasil – desembarcava no país. Seus primeiros compromissos seriam, na sua própria definição, "reencontrar nossa gente, ver o Fluminense jogar e tomar muito chopinho gelado". No aeroporto do Galeão, uma comitiva reunindo amigos como Altamiro Carrilho, Paulinho da Viola, Cláudio Marzo, Betty Faria e os integrantes do MPB4 e do Trio Mocotó, além de jornalistas, fotógrafos e curiosos se aglomerava para saudar o músico e sua família. Encerrava-se ali uma temporada de catorze meses, e a recepção não poderia ser mais apoteótica, com Altamiro e seu grupo tocando "A banda" e Betty Faria, à frente da torcida Jovem Flu, desfraldando uma enorme bandeira do time tricolor.

À noite, a festa de retorno seria ainda mais escandalosa.

– O meu uísque é sem gelo, Manolo. Já se esqueceu de mim? – queixou-se Chico em tom de brincadeira ao dono do restaurante Antonio's, no Leblon, aonde fora abraçar os amigos.

Na hora em que recebeu o copo de bebida, Chico também notou que Manolo estava de barba.

– Foi promessa? – perguntou o músico.

– Foi – confirmou Manolo. – Prometi que cortava quando você chegasse. Vou cortar amanhã.

O local estava lotado de amigos, curiosos e jornalistas, o que obrigou o compositor a improvisar uma pequena entrevista coletiva. Lá pelas tantas, no meio de toda a agitação, o lugar foi invadido por um grupo de crianças das mais variadas idades. À frente do bando, comandando a invasão, estava o cronista Carlinhos Oliveira, que furou o bloqueio de adultos e saudou o compositor:

– Jesus Cristo já dizia: vinde a mim as criancinhas.

Em meio à balbúrdia, todas as crianças foram atendidas e receberam autógrafos de Chico. O músico então deu a entrevista por encerrada e cumprimentou o amigo:

– Como vai, Papai Noel?

Chico seguia à risca um conselho que o velho amigo Vinicius de Moraes lhe dera antes de ele embarcar para sua temporada no exterior, para não correr o risco de "desaparecer": "Quando voltar, volte fazendo barulho".

*

O Brasil, no final de 1969, entraria nos anos de maior repressão, com o comando do país sendo exercido pelo general Emílio Garrastazu Médici. Gaúcho de Bagé, onde nasceu em dezembro de 1905, Médici foi o terceiro presidente do período da ditadura e chegou ao poder ostentando uma trajetória militar sem grande brilho, que só começou a ter relativo destaque a partir dos anos 1960. Promovido a general de brigada em 1961, Médici apoiaria a posse de João Goulart sob o regime parlamentarista. Três anos depois, se destacaria entre os conspiradores que foram decisivos na derrubada do presidente. À época, ele se encontrava comandando, de forma discreta, a Academia Militar das Agulhas Negras. Como reconhecimento, logo a seguir, seria nomeado pelo governo como adido militar nos Estados Unidos, mas – como consta no livro *A Ditadura escancarada*, de Elio Gaspari – o general só se lembraria daquele período por ter enfrentado problemas com o salário e com a coluna. Afora isso, nos Estados Unidos, ele se retraiu ainda mais pelo fato de ser monoglota, apenas recuperando o ânimo quando voltou ao Brasil, em 1967.

Instalado novamente em Brasília, Médici sucedeu a Golbery do Couto e Silva na chefia do Serviço Nacional de Informações (SNI), o órgão de inteligência da ditadura, e lá permaneceu por dois anos, sempre agindo de maneira discreta, como convinha ao cargo. Em dezembro de 1968, foi um dos apoiadores do AI-5 e, provavelmente a partir de então, começou a se cacifar para o jogo sucessório. Em 1969, com o afastamento definitivo de Costa e Silva, vítima de um derrame cerebral, uma junta militar presidida pelo almirante Augusto Rademaker assumiu provisoriamente a Presidência da República por sessenta dias, já com o compromisso de fazer uma consulta a todos os oficiais generais das Forças Armadas para escolher quem deveria ser o sucessor. Médici ganhou.

O governo Médici foi marcado por um período de grande crescimento, o chamado Milagre Brasileiro, caracterizado pelo aumento do PIB e da renda per capita, mas triplicando a dívida externa. Também foram concluídos projetos desenvolvimentistas, como a construção da Transamazônica e da ponte Rio–Niterói, além da assinatura do acordo com o Paraguai para a construção da usina hidrelétrica de Itaipu, até hoje a de maior produtividade no mundo. Porém, em paralelo, a ditadura militar atingiu seu pleno auge em termos de violência e de repressão às liberdades individuais e coletivas. A censura às instituições civis foi reforçada, e qualquer ato de oposição ao governo foi reprimido pelo uso sistemático de meios violentos, como a tortura e o assassinato. Como a divulgação desses atos de violência era proibida, a opinião pública pouco sabia do que ocorria nos bastidores do poder. Assim, amparado num tripé em que Delfim Netto comandava a economia, João Leitão de Abreu fazia a coordenação política e Orlando Geisel estava à frente do combate à chamada subversão, o governo Médici saiu amplamente vitorioso nas duas eleições diretas ocorridas no período, em 1970 (para deputados estaduais, federais e duas vagas no Senado) e em 1972 (para vereadores e prefeitos das cidades que não eram capitais ou áreas de segurança nacional).

Esse seria o clima que Chico encontraria ao chegar da Itália, em 1970. No mesmo dia em que o compositor voltava ao Brasil, o ministro da Justiça, Alfredo Buzaid, no cargo desde outubro de 1969, editava o decreto-lei que submetia os livros publicados no país à censura prévia. Sua justificativa era "a atuação dos agentes do comunismo internacional". Ele ainda tranquilizava os intelectuais, garantindo que as obras sérias não deveriam "descer até a devassidão e a lascívia de forma que criassem condições que destruam valores maiores da civilização brasileira".

Enquanto o ministro distribuía ordens e conselhos, a boate Sucata atravessava um período de lotação absoluta. Chico estreou o novo show em abril, acompanhado pelo pianista Osmar Milito, o baixista Novelli, o saxofonista Paulo Moura, o baterista Robertinho e pelo MPB4. Afinado com aqueles tempos desbundados, o cenário era todo branco, como se os músicos estivessem viajando numa nuvem. A primeira música interpretada foi "Sabiá", em que Chico dizia: "Vou voltar para o meu lugar". Na plateia, Elis Regina, então grávida do primeiro filho; Vinicius de Moraes, homenageado pelo parceiro musical; e Marieta Severo. A temporada de pouco mais de um mês conseguiu ser um sucesso e – melhor! – livre de qualquer incidente com a Censura. Chico encerrou a série de shows na última semana de maio, sendo substituído por Gal Costa.

Naquele mesmo mês, Chico Buarque e a Censura voltariam a se cruzar, durante a realização da 2ª Bienal do Samba, em São Paulo. O compositor estaria presente com duas composições. Uma, "Essa passou", em parceria com Carlos Lyra. Outra, "Samba de Orly", parceria com Toquinho e Vinicius de Moraes – que até então não tinha ainda sua participação confirmada por não ter sido submetida aos censores.

Ainda em maio, Chico teria censurada outra composição, "Menino Jesus" – versão dele para "Gesù Bambino", de Lucio Dalla. Caso pouco comum em que o original e a versão sofreram perseguições, "Gesù Bambino" havia sido desde seu lançamento considerada desrespeitosa, tanto pela temática (a de colocar o Menino Jesus como filho de uma mãe solteira com um soldado desconhecido) quanto pela forma (por apresentar o Menino Jesus bebendo vinho ao lado de ladrões e prostitutas). Censurada na Itália, a composição repetiria a dose no Brasil e entraria num pacote de músicas proibidas com outras 60 composições dos mais variados autores, aí incluídos Marcos Valle, com "Eu quero ver"; Zé Carreiro, com "Preto fugido"; Teixeirinha, com "Desafio dos cobras"; e Paulo Henrique e Xixaro, com a enigmática "Ou To Be Xixa Or Not". A dupla Antônio Carlos e Jocafi, que teve três músicas censuradas – "Marte planeta vermelho", "Cada segundo" e "Você abusou" –, conseguiria por meio de recurso reverter a censura da última, que inclusive ocupava o primeiro lugar nas paradas musicais.

Um dia depois, demonstrando a total incoerência e falta de critérios que presidiam as decisões da Censura Federal, o órgão liberaria "Eu quero ver" e "Menino Jesus". Chico ganhara recurso administrativo, possivelmente argumentando que a composição nada mais era senão uma tradução de uma música italiana. O argumento foi aceito, mas a música precisou ter seu título alterado. Deixou de ser "Menino Jesus" e passou a ser "Minha história". Porém, outra música de Chico seria vetada, provavelmente a que seria a mais marcante nas relações entre o compositor e a Censura: "Apesar de você".

*

Samba composto em 1970, "Apesar de você" foi escrito e originalmente interpretado por Chico Buarque, sendo lançado de início como compacto simples naquele mesmo ano. A intenção era que esse lançamento prévio servisse como um teste de popularidade para que, logo depois, a canção fosse incluída no repertório do novo LP do compositor. Deu certo. Quando foi censurada, a música já estava nas ruas, na boca do povo: o compacto havia vendido 120 mil exemplares, livrando também a gravadora de qualquer prejuízo comercial.

"Apesar de você", composta por Chico durante o período em que esteve autoexilado na Itália, seria usada pelo compositor para outro teste: o de como seria seu relacionamento com a censura nessa nova fase. De volta ao Brasil, Chico encontraria um país que se dividia entre o ufanismo (presente em adesivos de carros, como "Brasil, ame-o ou deixe-o" e "Ninguém segura esse país", e em algumas canções populares, como "Pra frente, Brasil" e "Eu te amo, meu Brasil") e as primeiras notícias sobre perseguições políticas, tortura e desaparecimento de pessoas contrárias ao regime.

Com "Apesar de você", Chico comentava o clima reinante, sem citar nomes, tratando um episódio político como se fosse uma desavença entre namorados. Deve ter sido essa, inclusive, a sensação dos censores, já que de início a canção foi liberada pelo Departamento de Censura.

Desde que teve sua veiculação autorizada, a música vinha sendo tocada nas rádios e cantada por artistas como Clara Nunes e Elizeth Cardoso. Tudo mudaria em fevereiro de 1971, quando o jornalista Sebastião Nery escreveu uma nota na sua coluna no jornal *Tribuna da Imprensa* contando que seu filho e os colegas ouviam a música como se fosse o Hino Nacional. Antes disso, no dia 9 de janeiro de 1971, uma outra nota, na coluna de Nina Chavs no caderno *Ela*, de *O Globo*, insinuava de maneira cifrada: "A última composição de Chico Buarque, 'Apesar de você', tem mensagem, tem mensagem...".

Diante de tantos rumores, até a Censura passou a se dar conta de que havia sido ludibriada e perceberia o recado camuflado. A primeira vítima, já em abril, foi a cantora Elizeth Cardoso, que fazia temporada no Canecão, famosa casa de shows do Rio de Janeiro. Ela foi advertida de que a música não poderia constar em seu repertório.

Porém, o veto oficial só seria divulgado no dia 7 de maio. Chico se declararia surpreso: "Antes de gravar a música, mandei a letra para a Censura Federal de Brasília, que a liberou. Depois, tive alguns probleminhas que foram completamente resolvidos. Agora, acho bastante estranha esta atitude, se realmente ocorreu, pois a música está superconhecida e há cinco meses em cartaz".

Com a execução pública da canção vetada em emissoras de rádio e tevê, oficiais da polícia invadiram a sede da Philips no Rio de Janeiro e destruíram as cópias restantes do disco. Por acaso, a matriz foi poupada – o que possibilitaria a reedição da gravação original da canção oito anos depois, num novo álbum de Chico. Como o governo não estava para brincadeira, o desatento censor que deixou a música ser liberada foi punido, sendo afastado de suas funções.

A censura de "Apesar de você" colocou Chico Buarque num novo patamar na sua relação com o governo militar. Ele agora era o principal inimigo a ser observado por quem estava no poder. A partir de então, Chico seria o alvo preferido, marcado de forma implacável pelos censores e tendo muitas de suas letras rejeitadas pelas mais absurdas justificativas – isso quando os censores se davam ao trabalho de justificar. Para tentar driblar a nova situação, Chico precisou até se disfarçar sob os pseudônimos de Julinho da Adelaide e Leonel Paiva, conseguindo assim aprovar três composições, uma das quais "Acorda amor", incluída no LP *Sinal fechado*, de 1974. Descoberto o estratagema do compositor, a Censura apertou mais ainda: uma nova exigência determinava que toda letra apresentada teria que ser acompanhada de cópias da carteira de identidade e do CPF do compositor.

Canção que manteve a atualidade mesmo cinco décadas depois de composta, "Apesar de você" atravessou quase todos os períodos da recente vida política brasileira sendo lembrada e recuperada. Sua mensagem de combate à "escuridão" (simbolizando tudo de mau e obscuro que possa existir) e seu recado de mudança e de esperança ("o galo insistir em cantar", "a manhã renascer", "o céu clarear") permaneceram atuais. Prova disso foi o fato de a música ter sido reabilitada nos últimos anos, quando virou hino de resistência da oposição aos governos de Michel Temer e de Jair Bolsonaro.

Quanto ao "você" do verso-título de "Apesar de você", Chico nunca admitiu – tampouco negou – que fosse uma referência ao general Emílio Médici. Num interrogatório, indagado sobre quem era o "você" da letra da canção, Chico tentou explicar: "É uma mulher muito mandona, muito autoritária".

*

A perseguição a Chico Buarque continuaria. Em julho de 1971, sua composição "Bolsa de amores", feita por encomenda para o novo disco do cantor Mário Reis, seria proibida sob a alegação de que a letra tratava de forma desrespeitosa a mulher brasileira. Com a canção vetada, Chico ficou fora do

LP. Em defesa de Chico, o cronista Zózimo Barrozo do Amaral deu uma nota em que contava que o mesmo trocadilho em relação à mulher feito por Chico em sua música, usando a terminologia da bolsa de valores ("ordinárias e preferenciais"), fora repetido num programa humorístico de tevê e passara em branco.

Ao lado de outros compositores, como Carlos Lyra, Edu Lobo, Sidney Miller, Sérgio Ricardo, Paulinho da Viola e Milton Nascimento, Chico também estava envolvido em abrir um novo caminho de lutas. O grupo, batizado de Mafia (Movimento Artístico e Financeiro de Integração dos Autores), trazia como ideia inicial estabelecer uma frente contra os empresários, garantindo os 30% de cada apresentação para o próprio artista.

A atuação sombria e pouco explicável da Censura Federal deixaria entrever uma brecha em seus métodos a partir de uma entrevista do general Nilo Canepa, diretor-geral da Polícia Federal, ao *Jornal do Brasil*. Em resposta à crítica de que a Censura demorava muito tempo – normalmente mais de um mês – para se decidir sobre a liberação ou não de uma peça, o diretor justificou-se alegando que o prazo inicial, de vinte dias, muitas vezes é insuficiente em decorrência da "complexidade do próprio material a ser examinado".

Para Canepa, o trabalho que ele comandava recebia críticas de dois lados opostos. Ao mesmo tempo em que artistas reclamavam, o general garantia receber cartas de pessoas da sociedade que se queixavam do oposto: o excesso de decisões liberatórias. E lamentava: "É difícil contentar a todos".

Ao ser indagado sobre qual o critério adotado pelo Departamento na censura de peças teatrais, músicas, filmes e telenovelas, o general restringiu sua resposta a uma palavra: "Único". Nessa unicidade estava presente o objetivo de preservar a moral e os bons costumes, além de evitar que se atentasse contra a segurança nacional e o regime, e que se ofendesse a coletividade, incentivando preconceitos de raça e luta de classes.

Sobre o caso específico de "Apesar de você", o general se limitou a informar que Chico Buarque não poderia mais entrar com recurso contra a proibição por já ter expirado o prazo legal.

Com o tempo, a Censura ficava cada vez mais forte. Em setembro de 1971, 12 compositores – autores de sete músicas participantes das semifinais do VI Festival Internacional da Canção – cancelaram suas participações. A alegação dada por todos em carta dirigida aos organizadores foi "a impossibilidade de se fazer arte diante da exorbitância, a intransigência e a drasticidade do Serviço de Censura". Assinaram a carta-renúncia os compositores Paulinho da Viola, Edu Lobo, Egberto Gismonti, Marcos Valle, Tom Jobim, Chico Buarque, Vinicius de Moraes e Sérgio Ricardo, além de outros que assinaram na qualidade de parceiros, como Ruy Guerra, Capinam, Paulo Sergio Valle e Toquinho. "As razões são públicas e notórias", dizia o documento, que se encerrava ainda de maneira mais veemente: "Sem esquecer sempre a desqualificação dos que exercem uma função onde a sensibilidade e o respeito pela arte popular são prioritários".

A boa notícia foi que "Bolsa de amores", de início proibida, acabou sendo liberada – desde que o compositor concordasse em fazer algumas modificações. Outras duas músicas do mesmo período, "Deus lhe pague" e "Cordão", também proibidas, igualmente foram liberadas, ambas sem corte, revelando mais uma vez a falta de métodos e critérios dos censores, que ora aprovavam e voltavam atrás, ora faziam o inverso. No caso das canções, pessoas eram contratadas para avaliar as letras e decidir se as músicas poderiam ou não serem reproduzidas. As justificativas variavam desde "fere a moral e os bons costumes" até simplesmente "falta de gosto". Para driblar os censores, muitos artistas exploravam metáforas e recursos sonoros, escondendo suas críticas em jogos de palavras. Com isso, parte das canções até eram aprovadas, mas depois – quando a ficha caía – eram censuradas.

A notícia melhor ainda foi a de que – entre mortos e feridos – Chico, com boa parte de sua produção sendo bombardeada pela Censura, mesmo assim conseguiu reunir dez composições para formar um dos melhores álbuns de sua carreira: *Construção*. Além das já citadas anteriormente, Chico emplacou músicas como "Acalanto", "Cotidiano", "Olha Maria" (parceria com Tom Jobim e Vinicius de Moraes), "Desalento", "Valsinha" e, a maior de todas, "Construção", que dá nome ao disco.

Construção é um disco de muitas rupturas. A maior delas com a imagem do Chico Buarque bom-moço, historicamente muito mais cultivada pelo público e pela crítica do que por ele próprio. O Chico Buarque de então, do alto de seus 27 anos, havia já passado por muitas e começava a mostrar uma faceta mais madura da sua produção musical – sem nada perder em lirismo. Nessa nova etapa, o olhar atento do melhor autor musical de sua geração vinha acompanhado do sentimento de crítica social.

As letras ganharam em elaboração – na forma e no conteúdo – e não deixaram de ter forte apelo popular. De largada, *Construção*, apenas nas primeiras duas semanas de lançamento, vendeu em média 2 mil exemplares por dia. "Acredito que tenha havido uma evolução, sim, mas foi principalmente na linguagem, na maneira de dizer as coisas, e não na mensagem", reconheceria Chico em entrevista ao *Jornal do*

Brasil, em novembro de 1971. "A experiência acumulada me faz criar agora outros temas, talvez mais elaborados, mas isso não significa que eu tenha abandonado as formas simples."

O maior exemplo dessa elaboração era a faixa-título. "Construção" – toda construída com uma versificação audaciosa, lançando mão de proparoxítonas ao final de cada verso – é o exemplo de como a forma pode se subordinar ao conteúdo. Mais: a temática, um operário que morre num acidente de trabalho, dá uma dimensão épica ao que poderia ser uma pequena notícia de jornal.

Mais do que crítica política, "Construção" é uma crítica social; mais do que uma obra composta para um período específico, "Construção" se tornou uma obra atemporal e perene. Prova está em sua constante presença em críticas e pesquisas que a colocam entre uma das mais importantes composições brasileiras de todos os tempos.

Os 17 versos da primeira parte (quatro quartetos, acrescidos de um verso-desfecho) são praticamente os mesmos 17 que compõem a segunda parte, mudando apenas a última palavra. Os arranjos, produzidos pelo maestro Rogério Duprat, ressaltam a melodia repetitiva, desenvolvida inicialmente sobre dois acordes. A harmonia é complexa.

Simples, "Construção" se estrutura no que poderia ser o relato de um acontecimento corriqueiro. Arrojada, seu jogo de palavras dá uma nova dimensão ao prosaico acontecimento, levando até a trágica conclusão, a morte do operário, e sua consequência tratada de forma banal (e não menos cruel): "Morreu na contramão atrapalhando o tráfego".

Incomodado com o comportamento de muitos que gostavam de colocá-lo dentro de nichos, de escaninhos, Chico, na mesma entrevista, negava estar entrando numa outra fase e situava *Construção* como uma evolução natural da sua trajetória artística. "Quando fiz "Pedro pedreiro", "Sonho de Carnaval" e musiquei *Morte e vida severina*, diziam que eu só tratava de temas sociais, esquecendo o amor e o lirismo", notava. "Depois a queixa era de que eu só compunha coisas simples e banais", explicou. E concluía: "Agora, acham que estou brigando com a sociedade de consumo. Nada disso: as músicas atuais se ligam às do passado. Talvez eu não tenha dito as coisas direito antes e só agora as pessoas percebam".

Da mesma forma que o público, segundo Chico, poderia não ter percebido, a Censura também deixava passar muito por desatenção. "A Censura torna difícil o processo de criação", queixou-se com razão, para em seguida flagrar o que havia de mais nocivo nesse processo. "Inconscientemente, o sujeito cria uma autocensura que castra sua imaginação e seu poder criativo, obrigando-o a cortar sua obra antes que as autoridades o façam."

Em reportagem publicada em setembro de 1971 no jornal *O Globo* com o título de "Chico não é mais o mesmo", o autor do texto não assinado flagrava que o artista – que, a partir daquele dia, começaria uma temporada de shows no Canecão – já não era "o menino bem-sucedido e muito lírico de algum tempo atrás". Chico dizia: "De cada três músicas que faço, duas são censuradas. De tanto ser censurado, está ocorrendo comigo um processo inquietante. Eu mesmo estou começando a me autocensurar. E isso é péssimo". A revelação do compositor permitiu ao repórter concluir que Chico havia cansado de ser o *enfant gâté* da música brasileira, "adotando uma linha radicalmente oposta ao trabalho que vinha desenvolvendo". O repórter ainda registrou: "A transformação pode ser percebida até mesmo no físico. Chico hoje é um artista maduro e sofrido e seus olhos são duros".

Chico Buarque igualmente reconhecia que as pessoas poderiam estar estranhando o "novo Chico" em parte pelo fato de muitos confundirem sua imagem pessoal com a imagem estereotipada que o público e a imprensa passaram a lhe atribuir. A experiência, no entanto, lhe ensinou que não adianta brigar para desfazer o mito. "A figura tradicional do bom moço, romântico e comportado, ainda persiste, mas já deixou de me preocupar", resignava-se, argumentando que brigar com as versões em nada lhe ajudaria, já que mais adiante poderia surgir a manchete "Chico diz que não é mais bonzinho". "Acontece que nunca fui o que imaginavam, ora", explicava. "É o mesmo que ocorre com a mania de cobrir minha vida como torcedor do Fluminense ou jogador de botão. Jogo futebol porque gosto e sou Fluminense com pesar, porque é um clube antipático".

Chico prosseguia: "Já houve um tempo em que eu fiquei não diria deslumbrado, mas lisonjeado pelo sucesso", admitiu. "Vinha aquela história de homenagem e eu achava que devia corresponder às pessoas, ficava ruim eu não aparecer, acabava indo e encarando coisas que não devia." Lembrava o excesso de exposição que teve nas telas: "Na televisão, por exemplo, eu fiz de tudo, era pau para toda obra, toquei botãozinho para mostrar que sabia música, cantei em musical superprodução, apresentei programas. Às vezes eu aparecia ao mesmo tempo em dois canais diferentes, ao vivo e em videoteipe".

Nesse sentido, reconheceria Chico, a mudança para a Itália havia sido benéfica. O público pôde descansar da imagem do compositor antes que ela ficasse saturada. Era uma estratégia – ainda que não planejada – de autopreservação. Para a temporada no Canecão, Chico pretendia cantar antigos sucessos e também apresentar composições inéditas antes que 1971 chegasse ao fim.

Chico Buarque entraria 1972 se declarando esgotado, cansado de trabalhar. Além da turnê do show *Construção* e do início das filmagens de *Quando o Carnaval chegar*, de Cacá Diegues, Chico se dizia incomodado pelas seguidas perguntas que era obrigado a responder sobre seus problemas com a Censura. "O que pode ser dito já foi falado", finalizava.

Tamanho cansaço não o livraria de novas incomodações, agora com a censura de "Partido alto", considerada inapropriada pelos versos "rasteiros e vulgares". A parte que irritou a Censura foi a em que Chico faz uma referência ao Todo-Poderoso ("Deus é um cara gozador/ Adora brincadeira/ Pois pra me jogar no mundo/ Tinha o mundo inteiro/ Mas achou muito engraçado/ Me botar cabreiro/ Na barriga da miséria/ Eu nasci brasileiro") e a Jesus Cristo ("Jesus Cristo ainda me paga/ Um dia ainda me explica/ Como é que pôs no mundo/ Esta pouca titica/ Vou correr o mundo afora/ Dar uma canjica/ Que é pra ver se alguém se embala ao ronco da cuíca/ E aquele abraço pra quem fica").

O único lançamento discográfico do músico naquele ano sairia no começo do segundo semestre: a trilha sonora de *Quando o Carnaval chegar*, filme homônimo e que trazia um elenco que contava com Hugo Carvana, Nara Leão e Maria Bethânia. No repertório, sete novas composições: a faixa-título, "Caçada", "Partido alto", "Baioque", "Bom conselho", "Soneto de Mimi" e "Mambembe". Com exceção de "Partido alto", inicialmente censurada e depois liberada, nenhuma outra música foi proibida.

Cinco dias antes do lançamento do filme, o compositor começava uma temporada de shows na boate carioca Flag, no horário pouco provável da meia-noite. A direção do espetáculo era do jornalista Tarso de Castro, seu velho amigo, o acompanhamento musical era do trio de Luis Carlos Vinhas e o repertório, quase todo estruturado em cima das canções do filme. Em uma nota publicada em sua coluna no *Jornal do*

Brasil, Zózimo alertava em apenas duas linhas: "A Censura frequentando muito o show de Chico Buarque no Flag".

Nem bem havia acabado a divulgação de *Quando o Carnaval chegar*, Chico emendou um novo trabalho audiovisual em parceria com Cacá Diegues, *Joana francesa*. A protagonista seria a atriz francesa Jeanne Moreau, 44 anos, que chegou ao Rio de Janeiro no dia 3 de novembro e uma semana depois viajaria para Alagoas, onde começariam as filmagens.

Quase na mesma época em que Jeanne passava sua temporada carioca, Chico estava na Bahia, ao lado de Caetano Veloso, para a realização de um show que dava fim a qualquer boato que colocasse os dois artistas em campos opostos.

Registrado pela gravadora Philips, o show se transformaria em disco que seria lançado ainda antes do Natal de 1972. O momento histórico reunindo os dois músicos – numa triste coincidência, na mesma noite em que o poeta e jornalista Torquato Neto se suicidara no Rio de Janeiro – mostra em pouco mais de meia hora de gravação como a afinidade entre eles era imensa.

Com um repertório reunindo composições de Chico ("Bom conselho", "Quando o Carnaval chegar" e "Partido alto") e de Caetano ("Tropicália" e "Esse cara"), com os dois ora se alternando, ora dividindo os vocais, o disco já nascia com caráter antológico. A aparente separação em algumas canções era soterrada na abertura do lado B, com Caetano convidando Chico em "Eu quero dar o fora/ E quero que você venha comigo", em "Você não entende nada", e Chico aceitando o convite e respondendo com "Todo dia eu só penso em poder parar/ Meio-dia eu só penso em dizer não/ Depois penso na vida pra levar/ E me calo com a boca de feijão", em "Cotidiano".

Como foi bem observado em dezembro de 1972 pelo crítico Julio Hungria no *Jornal do Brasil*, a gravadora apenas se descuidou ao não dar ao evento a condição de caráter histórico, omitindo do registro diálogos, frases de bastidores, confidências que retratassem a importância do encontro. "É um disco predestinado", definia Hungria, sem esquecer que a censura se fazia presente, como em 'Bárbara, de Chico e Ruy Guerra, em que a letra fala de uma "paixão vadia, maravilhosa e transbordante como uma hemorragia" e na qual os cortes da Censura podem ser adivinhados apesar da habilidade dos técnicos de gravação. Ou ainda em "Ana de Amsterdã", em que, num dos versos, a palavra *sacana* da versão original virou *bacana*.

Com a Censura agindo de forma cada vez mais escancarada, perseguindo até notórios simpatizantes do governo, como o apresentador Flávio Cavalcanti, restava a Chico usar as páginas dos jornais para se manifestar. Em entrevista ao semanário *Opinião*, em abril de 1973, Chico queixava-se da "quebra de rotina", com as "coisas endurecendo de um dia para o outro, sem maiores explicações". Na conversa, confirmou que, numa de suas idas para prestar depoimento na Polícia Federal, foi obrigado a assinar um documento se comprometendo a não tocar em certos assuntos. Desolado, ele admitia: "Sinto uma diminuição de possibilidade na área da cultura que, parece, não vai se manifestar apenas na música". O semanário, em regime de censura prévia, seria logo adiante proibido até mesmo mencionar, nas matérias sobre música popular, os nomes de Chico Buarque e de Sérgio Ricardo.

Como já indicavam as parcerias feitas com Ruy Guerra, o próximo trabalho do músico seria a peça *Calabar*. Outra parceria que nasceria naquela época seria com Gilberto Gil. Demonstrando que não havia qualquer animosidade com nenhum dos tropicalistas baianos, Chico – depois de ter dividido o palco com Caetano Veloso no final de 1972 – agora faria ao lado de Gil a canção que se tornaria um símbolo entre as músicas de protesto.

3
Como é difícil acordar calado

"Cálice" começou a nascer com Gilberto Gil, responsável por compor o refrão: "Pai, afasta de mim este cálice/ De vinho tinto de sangue". A referência era uma óbvia alusão à agonia de Jesus Cristo no Calvário e ainda carregava na expressão que dava título à música uma ambiguidade ao misturar *cálice* com *cale-se*. Chico imediatamente percebeu o elaborado jogo de palavras e viu que a composição poderia servir para driblar a Censura e, por tabela, afrontar o governo militar. "Cálice", então, foi feita quase que de maneira matemática: Gil compôs a primeira estrofe da canção. Depois, em outros dois encontros com Chico, foram criadas a melodia e as demais estrofes, quatro no total, sendo a primeira e a terceira compostas por Gil, e a segunda e a quarta, por Chico. A bebida amarga à qual a música se refere é o fernet, bitter obtido por meio da maceração no álcool de diversas ervas e raízes medicinais. Chico, grande admirador, apresentou a bebida a Gil.

Com claras referências ao *silêncio*, ao *ficar calado*, "Cálice" amargaria um curto período nos arquivos da Censura. Quando a resposta chegou, deu a lógica: foi vetada. A música era apenas mais um capítulo da intensa perseguição que o compositor vinha sofrendo. Naquela época, para Chico era impossível finalizar um LP. Durante um curto período, das 14 músicas que ele havia submetido à Censura, todas foram cortadas.

Como já estavam blindados pela ação da Censura, Chico Buarque e Gilberto Gil não se espantaram com a ação dos censores. O veto a "Cálice", acreditava Chico, só podia ser prevenção por parte dos integrantes do órgão. "Não pode ser outra coisa", disse. "Trata-se de uma composição dentro da linha atual a que nos propusemos: um poema revestido de roupagem musical simples que queria dizer quase literalmente o que diz, somente isso", justificava-se em entrevista. "Há ironia e denúncia na letra, claro, mas isso sempre houve e haverá na poesia, seja ela escrita ou musicada." Gilberto Gil completava o raciocínio do parceiro musical alegando que "ninguém deveria se sentir melindrado com a canção" e acrescentava que o "único poder que a música tem é o de refletir sentimentos e estados de espírito, comuns a Chico e a mim como a tantos homens que costumam olhar além das experiências".

Chico e Gil cantaram juntos – ou melhor, tentaram cantar – pela primeira vez num palco na segunda das quatro noites de realização do Phono 73, o festival promovido pela Philips/Companhia Brasileira de Discos e Phonogram. Feira musical não competitiva – a primeira que uma fábrica de discos realizava no Brasil –, a Phono 73 tinha como intenção maior mostrar a produção artística dos contratados dos três selos que estavam sob o guarda-chuva da Philips no Brasil. O diretor-geral, Armando Pittigliani, explicou ao *Jornal do Brasil* o alcance da proposta. "Gastamos 700 mil cruzeiros na empreitada, e uma boa parte dessa quantia na instalação do sistema de som", detalhava ele sobre a parte técnica. "Abolido o famigerado júri e sem preconceitos de qualquer tipo, expusemos ao público a música popular que se está fazendo no país."

Além do caráter inovador de um festival não competitivo, Phono 73 se destacava por mostrar a força do elenco que as gravadoras conseguiram reunir. Quem era relevante na música brasileira estava lá: além dos já citados, o festival colocou em cena nomes como Caetano Veloso, Gal Costa, Maria Bethânia, Sérgio Sampaio, Luiz Melodia, Ivan Lins, MPB4, Elis Regina, Nara Leão, Hermeto Pascoal, Wilson Simonal, Raul Seixas, Erasmo Carlos e os Jorges, Ben e Mautner. De fora da Philips, apenas a dupla formada por Toquinho e Vinicius de Moraes, gentilmente cedidos pela RGE.

A apresentação estava sendo realizada no Palácio das Convenções do Parque Anhembi, em São Paulo. Chico e Gil foram recomendados pelos censores a não cantar "Cálice". Mesmo assim, diante de um público de 3 mil pessoas, os dois decidiram entoar apenas a melodia da canção, pontuando-a com a palavra "cálice/ cale-se", mas também isso não foi possível.

Na hora em que Chico subiu ao palco, chamando Gil logo depois para acompanhá-lo, tudo parecia normal. Porém, poucos segundos depois, à medida que a dupla se aproximava dos microfones, estes foram silenciados. O público não entendia nada e Chico, após algumas tentativas, conformou-se dizendo que então voltaria a cantar seus "sambas antigos". "Não precisavam ter feito isso, mesmo porque isso é uma palhaçada. O que é que esse pessoal tem contra a canção?", queixava-se Chico. Gil, ao lado, sorria, para logo em seguida emendar com "Meio de campo", composição sua em homenagem ao jogador Afonsinho, que na época estava em disputa com seu clube, o Botafogo, pelo direito de ter seu passe liberado. Junto a Chico e Gil, os integrantes do MPB4 também tentaram driblar a Censura, interpretando "Partido alto" e silenciando-se nas partes que foram censuradas. A frustrada performance de Chico e Gil seria comentada pelo crítico Julio Hungria nas páginas do *Jornal do Brasil*, lembrando a "cena que se tornou cinematográfica e depois patética à medida que [os microfones] iam pifando (autocensura da Phonogram?) e sendo substituído por outros, mais outros e mais outros...". O silêncio forçado transformou "Cálice" em um dos mais famosos hinos de resistência ao regime militar.

Se no palco o clima estava pesado, longe dele a situação não andava muito melhor. Caetano Veloso, que não iria cantar naquela noite, foi barrado na entrada por um porteiro e por um censor. Apenas minutos depois, graças à interferência de pessoas do público, o cantor foi reconhecido e teve seu acesso liberado.

Solidário, o cronista Carlinhos Oliveira concordava com o que Chico havia dito na entrevista e via nas decisões da Censura uma implicância prévia com o compositor. "A censura oficial tem contra ele uma inegável prevenção", alertava, para logo em seguida diagnosticar com precisão: "Qualquer poema que Chico construa haverá de conter, em princípio, alguma provocação". Atacando a maneira como os censores desempenhavam suas funções, Carlinhos Oliveira ridicularizava-os por ultrapassarem amplamente as suas tarefas. "Ora, um censor, por mais inteligente que seja ou se pretenda, não tem condições para navegar nessas paragens."

Mas não era apenas o veto explícito que preocupava os artistas e os intelectuais. A Censura também inaugurava naquele tempo um formato mais leve, mas nem por isso menos perverso. Em meados de 1973, ao analisar as músicas "Comportamento geral", de Luiz Gonzaga Jr., e "Pare de tomar a pílula", de Odair José, o órgão determinou que elas não poderiam mais ser executadas em programas radiofônicos e televisivos, nem em bailes ou em serviços de alto-falantes, muito comuns em praças de cidades do interior do Brasil, porém permitiu que os discos e as fitas cassete com as gravações pudessem ser comercializados e "ouvidos em ambientes domésticos".

Chico, naquele mesmo ano, quase inaugurou uma nova parceria musical, além daquela com Gilberto Gil: desta vez, com o bandoneonista argentino Astor Piazzolla. Em sua quarta visita ao país, o músico que havia revolucionado o tango argentino declarou-se admirador da obra do compositor brasileiro e admitiu a possibilidade de realizar um trabalho em conjunto com Chico. Mesmo com o comprometimento tanto de Piazzolla quanto do colega brasileiro, a parceria nunca se confirmou. Chico deveria colocar a letra em uma música que Piazzolla havia lhe enviado numa fita cassete trazida de Buenos Aires pelo jornalista e escritor Eric Nepomuceno, amigo de ambos. "Anos mais tarde, o Chico me confessaria que a música era muito impactante e que ele não conseguiu colocar a letra", lembrou Eric.

*

O que Chico obteve de imediato foi uma declaração solidária por parte de Piazzolla, que falou em entrevista ao *Jornal do Brasil* que a única censura que deveria existir seria contra a mediocridade. "A censura é um mecanismo muito psicológico. Se me proíbem, eu consequentemente crio mais." Apoios solidários e de peso como esse não garantiriam a Chico nenhuma espécie de defesa. Ele seria mais uma vez censurado, agora com "Flor da idade", incluída na trilha sonora do filme *Vai trabalhar, vagabundo!*, de Hugo Carvana. Avaliada pelo Serviço Regional de Censura e submetida ao chefe da Divisão, Rogério Nunes, a música foi vetada por "conter mensagem forte sob [sic] o aspecto moral".

Na mesma época, o espetáculo *República do Peru* também seria censurado. Dirigido pelo ator Antônio Pedro, o show fazia um apanhado da trajetória musical do conjunto MPB4, com Chico sendo o responsável pelo roteiro e ainda fazendo participações especiais. A justificativa dada pela Censura foi a utilização de alguns diálogos considerados ofensivos. O grupo, então, enviou novo roteiro à Censura, que também não foi aceito.

*

Chico chegaria ao final de 1973 envolvido com a montagem de *Calabar*, peça cuja autoria dividia com Ruy Guerra e que tinha estreia prevista para novembro daquele ano no Teatro João Caetano, no Rio de Janeiro.

Chico e Ruy tiveram a ideia de escrever um musical quando traduziram as letras do filme italiano *O homem de La Mancha*. De imediato, optaram por um tema histórico, e o nome de Calabar foi lembrado por Ruy e aprovado de imediato por Chico. Cineasta reconhecido, Ruy Guerra tinha com *Calabar* a sua primeira experiência teatral.

Superprodução com direção de Fernando Peixoto, *Calabar* tomou do diretor, só para a definição do elenco, mais de dois meses de testes. Apenas para os papéis secundários, cerca de 350 atores foram avaliados. Já o elenco principal incluía Tetê Medina, Hélio Ary, Perfeito Fortuna e Betty Faria (interpretando a prostituta Ana de Amsterdam, a única personagem fictícia da história). *Calabar* teria Chico também como o autor das músicas, com orquestrações de Edu Lobo e Dori Caymmi.

Naquele período, cansado de protestar, Chico acreditou que poderia irritar seus opositores da Censura optando pelo silêncio. Passou, então, a usar outro método: ficar calado.

Durante aqueles meses, ele deu poucas entrevistas e, quando decidiu lançar o disco com a trilha sonora da peça *Calabar*, optou por deixar uma das músicas sem letra, em vez de substituí-la, como foi sugerido pela própria Censura.

Não adiantaria. *Calabar* – uma peça que lhe havia custado muito tempo de trabalho e maior elaboração criativa – estava com estreia prevista para o dia 8 de novembro de 1973, no Rio. Porém, uma semana antes, o Departamento de Polícia Federal informou que o ensaio geral não seria autorizado. Dessa vez a explicação era que a liberação dependia da autorização do próprio diretor do órgão, o general Antônio Bandeira. Mas isso não seria possível porque o general se encontrava de férias.

Calabar, assim, demonstrava como a Censura retomava seus antigos métodos – agora de maneira ainda mais agressiva. Depois de ficar dias nas gavetas do órgão, o texto, sem motivo aparente, foi proibido. Agora, sim, por determinação do general Bandeira. O veto, a partir daquele momento, não atingia apenas a peça, mas também o título. E mais: num gesto absurdo de prepotência, o general ainda proibiu que a proibição fosse noticiada. Daí o silêncio dos jornais nos dias que antecederam a cancelada estreia

Calabar seria banida do noticiário. A peça não entraria em cartaz e nenhuma justificativa para essa decisão seria dada. A explicação, muito provavelmente, estava na própria temática da peça. *Calabar: O elogio da traição* relativizava em sua abordagem a posição de Domingos Fernandes Calabar (1609-1635), personagem histórico que havia ficado conhecido por sua participação no episódio em que preferiu tomar partido dos holandeses contra a coroa portuguesa.

A história contada pela peça revivia a curta e conturbada trajetória de Calabar. Nascido na vila de Porto Calvo, hoje estado de Alagoas, ele era filho de Ângela Álvares, uma negra brasileira, com, provavelmente, um português branco e desconhecido. Alfabetizado por padres jesuítas, Calabar, já na idade adulta, faria fama e dinheiro com o contrabando. Logo, se tornaria senhor de terras e de engenhos. Envolvido numa disputa entre Holanda, Espanha e Portugal, que dominavam boa parte da região nordeste do Brasil, Calabar, por razões que nunca foram desvendadas inteiramente, mudou de lado, traindo seus antigos aliados portugueses e fazendo um pacto com o almirante holandês Jan Cornelisz Lichthart. A ambição de Calabar lhe seria fatal. Com os holandeses perdendo espaço, seria capturado e tratado como o mais vil traidor dos portugueses. Teria uma morte dolorosa, violenta e vingativa: seria garroteado e esquartejado e teria as suas partes expostas na paliçada da fortaleza. Era um recado de seus algozes a outros que tentassem a traição.

O texto de Chico e de Ruy Guerra para *Calabar*, a peça, abria espaço para novas interpretações e novos julgamentos. A montagem mostrava como o protagonista poderia deixar de ser visto como um comerciante que apenas visava ao lucro – e que, apenas por isso, traíra os portugueses e colonos brasileiros – para se tornar um exemplo, um quase herói, que tinha por objetivo não o ganho pessoal, mas o melhor para o povo brasileiro. Um clássico exemplo de como os fins poderiam justificar os meios.

Apesar de o texto da peça narrar acontecimentos ocorridos mais de três séculos antes, a comparação com o Brasil dos anos 1970 era inevitável – e o país estava repleto de Calabares. A peça, assim, não se propunha a fazer uma revisão histórica, mas, sim, questionar o governo militar, que passava à população uma imagem diferente do que estava ocorrendo.

A proibição da peça não atingiu o disco com a trilha sonora em sua integralidade. Chico pôde lançar seu novo trabalho, porém teve que mudar o título. Deixava de ser *Chico canta Calabar* e ficava apenas uma versão reduzida: *Chico canta*. Ainda assim, por questões técnicas, uma tiragem com o título e a capa original (o nome da peça na parede de um muro) chegou a ser prensada – e seria retirada das lojas por ordem do governo poucos dias após o lançamento. A alternativa mais imediata e simples seria a opção por uma capa totalmente branca, sem título, apenas com o nome do autor. Porém, essa decisão não despertaria a atenção do público e seria pouco lucrativa. Logo depois viria a versão definitiva, com uma foto do rosto do cantor e com o novo título.

Ainda assim, o disco chegaria às lojas mutilado. Os censores veriam no trabalho de Chico – mesmo tendo ascendência holandesa, como identificava seu próprio sobrenome – e Ruy Guerra – um moçambicano radicado no Brasil desde os anos 1960 – uma provocação simpática à colonização batava contra o domínio colonial português e que, segundo o censor responsável pela análise, "metaforicamente poderia incitar os brasileiros a se revoltarem contra a ditadura militar dominante no país à época".

Duas canções – "Ana de Amsterdam" e "Vence na vida quem diz sim" – tiveram as letras integralmente proibidas. A opção do autor, então, foi manter as duas faixas apenas em suas versões instrumentais, bem como "Prólogo", essa desde o início prevista para ser instrumental e com um arranjo que incluía novidades como sintetizadores, além da guitarra elétrica e da orquestra de cordas. "Bárbara", por conter referência a uma relação lésbica, teve cortada a frase "no poço escuro de nós duas", e "Não existe pecado ao sul do Equador" (grande sucesso do disco, inclusive com uma versão alternativa, cantada por Ney Matogrosso, usada na abertura da telenovela *Pecado rasgado*, que estreou na Globo em 4 de setembro de 1978) teve a frase "Vamos fazer um pecado safado debaixo do meu cobertor" substituída por "Vamos fazer um pecado rasgado, suado, a todo vapor". O silêncio, como Chico havia aludido em "Cálice", se repetia em "Cala a boca, Bárbara". E a tesoura da censura se fez presente ainda na canção "Fado tropical", que tem um trecho em que Ruy Guerra declamaria "além da sífilis é claro" – a palavra *sífilis* foi excluída por ser uma referência pouco elegante ao sangue português.

Com apenas trinta minutos de gravação, *Chico canta* seguia o estilo do trabalho anterior do artista, *Construção*, pautado por um estilo direto e com composições curtas e musicalmente elaboradas.

*

O ano seguinte, o de 1974, marcaria a aproximação de Chico com Francis Hime. O pianista contaria em janeiro daquele ano que havia muito tempo os dois buscavam uma maneira de começar uma parceria. "Eu conheci o Chico em 1965, através do Ruy Guerra. Tempos depois, quando eu fui para os Estados Unidos, mandei uma fita para ele, com algumas melodias, entre elas a de 'Atrás da porta'." Voltamos a nos encontrar numa festa em Petrópolis, e numa sala, com mais de trinta pessoas ao redor, ele fez a primeira parte da letra. Quando fez o resto, eu estava de novo nos Estados Unidos. Um dia à meia-noite ele me ligou dizendo que havia concluído a letra."

Se podia comemorar a alegria de descobrir um novo parceiro, Chico lamentava um ineditismo em sua carreira. No Carnaval de 1974, ele seria pela primeira vez censurado por tabela: a Censura havia proibido a escola de samba

Canarinhos da Engenhoca, de Niterói, de apresentar um samba-enredo sobre a vida e a obra do compositor. Porém, uma boa notícia vinda da Censura chegaria em meados de julho: o espetáculo *República do Peru*, do grupo MPB4, agora estava integralmente liberado.

Mas, se liberava por um lado, a Censura mostrava não apenas um rigor exagerado como também evidenciava ainda mais o aspecto ridículo de suas proibições. Durante a preparação do repertório para seu novo disco, Chico foi vítima de uma nova perseguição, também inédita. Sua gravação de "Filosofia", aquela dos versos:

> O mundo me condena e ninguém tem pena
> Falando sempre mal do meu nome
> Deixando de saber
> Se eu vou morrer de sede
> Ou se vou morrer de fome
> Mas a filosofia hoje me auxilia
> A viver indiferente, assim
> Nesta prontidão, sem fim
> Vou fingindo que sou rico
> Pra ninguém zombar de mim!

foi vetada. Seria algo corriqueiro naqueles tempos – não fosse a música ter sido composta por Noel Rosa, compositor que havia falecido quase quatro décadas antes.

Alertada pelos jornais – o veto a "Filosofia" foi destaque na coluna de Zózimo Barrozo do Amaral, no *Jornal do Brasil* –, a Censura agiu rápido para remediar o que até pelos censores deve ter sido considerado uma burrice. No mesmo dia, o órgão desfez a proibição e a música pôde ser incluída no repertório do novo disco que Chico estava preparando: *Sinal fechado*.

*

Lançado pouco antes do Natal de 1974, o LP *Sinal fechado* – o oitavo na carreira de Chico – chegava ao mercado com uma nova proposta, essa bem explícita, e também um recado nas entrelinhas. A proposta era exaltar o lado cantor de Chico Buarque, um músico que nunca se destacou nem pela voz, tampouco por qualquer divisão rítmica. Mas a opção por ressaltar essa faceta tinha a ver com o que precisava ser dito de maneira implícita: Chico precisava cantar porque estava sendo cada vez mais difícil para ele compor. Não que estivesse atravessando alguma fase de bloqueio criativo. Pelo contrário. Chico estava compondo bastante. O problema era que, por mais que criasse, não conseguia se livrar da sanha da Censura.

Assim, com o repertório todo formado por composições de outros artistas – a exceção será esmiuçada logo adiante –, *Sinal fechado* trazia no título uma música de Paulinho da Viola, curiosamente uma composição que se distanciava do padrão tradicionalmente adotado pelo sambista da Portela e que – pela temática, pelo formato – mais se aproximava do estilo do próprio Chico.

Resultado dessa perseguição que o artista então sofria, *Sinal fechado* se contrapunha ao trabalho imediatamente anterior, *Chico canta*. O novo LP também foi uma maneira que Chico encontrou para homenagear velhas admirações musicais, como Vinicius de Moraes, Tom Jobim, Noel Rosa, Nelson Cavaquinho, Jackson do Pandeiro, Geraldo Pereira e Dorival Caymmi (quase todos eles futuramente incluídos na letra de "Paratodos"), contemporâneos como Caetano Veloso, Gilberto Gil e Paulinho da Viola, e até artistas que poucos pontos de contato traziam com a obra de Chico, como Walter Franco.

Por essas características, *Sinal fechado* passou quase incólume pela Censura, ainda que trouxesse uma série de contrabandos que permitiam a Chico fazer sua crítica sem parecer que estivesse falando na primeira pessoa. Já na faixa de abertura, "Festa imodesta", Chico se utilizava do samba de Caetano para – resgatando um verso de Assis Valente – falar que sua "gente era triste, amargurada/ Inventou a batucada/ Pra deixar de padecer". Em seguida, empilhava recados. Primeiro, aos que tentavam barrar qualquer manifestação ("Tudo aquilo que se dá ou não se dá/ Passa pela fresta da cesta e resta a vida"); depois, aos censores de qualquer espécie ("Tudo aquilo que o malandro pronuncia/ E o otário silencia"); e, por fim, elogiava os que se dedicavam à nobre tarefa de criar arte ("Viva aquele que se presta a esta ocupação/ Salve o compositor popular").

Com "Copo vazio", Chico brincava com o velho ditado que permite ver, em qualquer situação, um lado negativo e um outro positivo ("É sempre bom lembrar/ Que um copo vazio/ Está cheio de ar"), e com "Sem compromisso" ele recuperava um antigo samba de Geraldo Pereira para enviar um alerta numa linha muito semelhante ao que havia explorado em "Apesar de você": uma discussão entre duas pessoas que bem poderia ser tomada como uma queixa coletiva ("Quem trouxe você fui eu/ Não faça papel de louca/ Pra não haver bate-boca dentro do salão").

Com a faixa-título, Chico deixava um pouco de lado a crítica e focava na incomunicabilidade. Narrando uma conversa rápida, muito provavelmente envolvendo dois passageiros de dois carros diferentes parados num semáforo, "Sinal fechado" – oblíqua e enviesada – trazia uma estrutura inovadora e permitia a Chico explorar diálogos pouco usuais, como "Tanta coisa que eu tinha a dizer/ Mas eu sumi na poeira das ruas/ Eu também tenho algo a dizer/ Mas me foge a lembrança". A falta de comunicação, de diálogo, seria ainda mais ressaltada em "Me deixe mudo", de Walter Franco, com versos como "Não me pergunte/ Não me responda/ Não me procure/ E não se esconda/ Não diga nada/ Saiba de tudo/ Fique calada/ Me deixe mudo".

Já com fama de crítico implicante e irascível, José Ramos Tinhorão seria simpático ao novo disco em seu texto no *Jornal do Brasil*. Classificando Chico Buarque como o "maior compositor da moderna classe média de nível universitário", Tinhorão diria que Chico era capaz de "produzir letras de um padrão literário que muitas vezes o situa à altura dos melhores poetas contemporâneos", porém fazendo questão de manter uma velha mania para frisar: "Apesar do vício fundamental do seu violão de batida bossa nova".

Logo a seguir, o crítico manteria sua exaltação ao músico, colocando-o como alguém que soube fazer "a opção corajosa de continuar brasileiro, num momento em que a massificação da música internacional consegue interromper os melhores talentos com a promessa mentirosa dos sons universais", e flagrava o verdadeiro motivo que levara Chico a gravar apenas outros intérpretes: "Ele não grava suas próprias músicas porque o número de composições suas aprovadas pelo Serviço de Censura não chega para compor um LP".

Talvez por não terem a assinatura de Chico Buarque, as músicas de *Sinal fechado* foram liberadas, embora muitas trouxessem mensagens bem definidas. O que a ditadura não poderia imaginar naquele novo momento é que o compositor iria se antecipar aos censores e aplicar neles o maior drible que eles poderiam levar.

"Acorda amor", primeira faixa do lado B, revelava uma nova dupla de compositores, Julinho da Adelaide e Leonel

Paiva. Desconhecidos do grande público e também do meio musical, os dois artistas até então nunca tinham realizado qualquer show ou gravação, muito menos haviam sido registrados por qualquer outro intérprete.

Em *O Globo*, a primeira referência a Julinho da Adelaide ocorreu no dia 29 de janeiro de 1974, quando Nelson Motta contou em sua coluna do enorme sucesso que vinha fazendo a música "Jorge Maravilha", uma das mais aplaudidas na temporada de shows que Chico estava fazendo no Teatro Casa Grande, no Rio. Falando que a canção era de autoria de Julinho da Adelaide, a quem citava com orgulho, Chico era ovacionado pelo público.

Oito meses depois, Nelson Motta voltava ao personagem em sua coluna. Elogiava a "sensacional gravação de 'Jorge Maravilha'" e listava Julinho da Adelaide entre os compositores que haviam procurado Chico ao saberem da intenção do músico de fazer um disco em que interpretava outros autores. Na lista citada por Nelson Motta, Julinho entrava ao lado de contemporâneos (Gilberto Gil, Caetano Veloso, Jorge Ben e João Donato) e de já falecidos, como Noel Rosa e Custódio Mesquita. Dias depois, mostrando-se íntimo do misterioso compositor, o colunista contava inclusive uma conversa que havia tido com Julinho em que ele negava que fosse fazer uma plástica para retirar uma cicatriz do rosto. "É meu charme", teria dito Julinho.

Se Nelson Motta havia adotado Julinho como um de seus tipos inesquecíveis, o personagem, ao contrário, não deu as caras na entrevista que o próprio Chico concedeu à jornalista Margarida Autran, de *O Globo*, em dezembro de 1974. Chico falou de Marieta, das filhas, de *Fazenda modelo* (seu primeiro romance publicado), lembrou as filmagens de *Quando o carnaval chegar* e só citou Julinho, *en passant*, quando contou que "Acorda amor" faria parte do repertório do disco *Chico canta*.

Já na coluna de Nelson Motta, Julinho reapareceria no mês seguinte, agora como entrevistado. Abrindo a página, o repórter contava que o "indigitado, favelado e alucinado compositor Julinho da Adelaide, descoberto por Chico Buarque, viu imediatamente duas de suas músicas se transformarem em sucessos: "Jorge Maravilha" e "Acorda amor", conhecida na intimidade como "Chama o ladrão".

Nelson Motta seguia: "Julinho veio ao vivo ao local onde são redigidas estas mal traçadas para explicar lances esclarecedores sobre o samba 'Sentimentos'". Logo adiante, Nelson revelava que Julinho havia lhe contado também sobre uma de suas admirações: "Mijinha é um compositor bastante velhinho. Sobreviveu à febre amarela e, em homenagem, mora lá em Oswaldo Cruz". Para confirmar a existência do personagem, Julinho invocou o testemunho de outro compositor. "Paulinho da Viola vacinou-se contra a meningite naquele aprazível subúrbio, onde teve a oportunidade de conhecer Mijinha." Ao final, despedindo-se do entrevistado, Nelson Motta contou: "Nada mais tendo a declarar, Julinho calçou suas sandálias havaianas, coçou a cicatriz e saiu assobiando seu novo samba".

A originalidade e o exclusivismo dos dois novos compositores, em especial Julinho da Adelaide, que já havia se transformado em arroz de festa, passaram despercebidos pela Censura, que nem sequer se deu ao trabalho de tentar descobrir quem eram. Se tentassem, talvez chegassem à conclusão de que Julinho da Adelaide e Leonel Paiva atendiam pelo mesmo CPF: o de Chico Buarque.

Seguindo uma velha tradição artística, não apenas brasileira, mas universal, Chico se valeu da estratégia de usar um pseudônimo. Com a nova identidade, o compositor assinou, num primeiro momento, três músicas: "Acorda amor", "Milagre brasileiro" e "Jorge Maravilha".

Além de um humor refinado, as três composições continham críticas ao regime militar. Como são poucos os ouvintes que se interessam pelos autores das composições – quase sempre o cantor fica com todos os méritos –, ninguém teve curiosidade em saber quem era o novo astro da MPB, um personagem que nunca aparecia em público, com uma imagem totalmente desconhecida. Algo muito mais misterioso do que uma junção de Rubem Fonseca com João Gilberto.

O drible de Chico nos censores seria ainda maior pelo fato de o próprio criador passar a alimentar a existência de sua criatura à época. Em combinação com dois jornalistas de quem era amigo, Mário Prata e Melchíades Cunha Júnior, Chico concedeu uma entrevista ao jornal paulista *Última Hora* como se fosse Julinho. Na conversa com a imprensa, o compositor estava em São Paulo para fazer um show, espetáculo este organizado por seu empresário, o mais misterioso ainda Leonel Paiva.

Julinho da Adelaide teria ainda uma sobrevida. Com o Brasil já sob o governo de um novo general (agora era a vez de Ernesto Geisel), Chico cutucava o poder insinuando com "Jorge Maravilha" que "você não gosta de mim/ Mas sua filha gosta". Em cima deste verso, passou a correr o boato de que Chico havia mirado em Amália Lucy, filha única de Geisel, que, em uma entrevista, manifestara admiração pelas obras do autor. A versão pegaria e se alastraria, ainda que o próprio Chico, falando ao jornalista Tarso de Castro na *Folha de S. Paulo*, tivesse revelado a origem de sua inspiração: "Aconteceu de eu ser detido por agentes de segurança e, no elevador, o cara me pediu um autógrafo para a filha dele. Claro que não era o delegado, mas aquele contínuo do delegado".

Em fevereiro de 1975, em reportagem especial, não assinada, o *Jornal do Brasil* dedicava uma página inteira para como a censura vinha interferindo na vida cultural brasileira nos últimos dez anos. Ainda que o texto fizesse um apelo à concórdia ("Com cautela e racionalidade, o governo e os intelectuais começam a se aproximar..."), a reportagem evidenciava que a solução não estava próxima. Em meio a tantos exemplos, o caso de Chico Buarque se destacava. E confirmava o que até então era quase um segredo: Chico Buarque e Julinho da Adelaide eram a mesma pessoa. Para evitar cair em novas pegadinhas como essa, a Censura passou então a exigir cópias do RG e do CPF dos compositores, norma vigente até hoje.

Julinho teve vida curta. Sumiu em fevereiro e seria enterrado no dia 4 de março de 1975. Em um espetáculo apresentado no Teatro Guaíra, em Curitiba, Chico deu ao público que lá estava a triste notícia do falecimento do compositor. Julinho da Adelaide, que morava na Rocinha e, como o nome indica, era filho da cabrocha Adelaide (que fora namorada de Vinicius de Moraes), apareceu morto. Chico não soube precisar a causa da morte. Apenas lembrou que, dessa maneira, estava desfeita a parceria que Julinho mantinha com Leonel Paiva, que, segundo Chico, entrava com o nome só para "trabalhar as músicas entre os disc-jóqueis". Ao final da notícia, Chico deixava aos ouvintes uma esperança: existia um outro sambista na família, o compositor Jorginho do Esqueleto.

Julinho da Adelaide ressuscitaria dezesseis anos depois, reencarnado pelo próprio Chico Buarque no filme *Vai trabalhar, vagabundo II – a volta*. Na cena que mostrava o falso enterro de Secundino Meireles (Hugo Carvana), Julinho chega ao cemitério para prestar sua última homenagem ao amigo. Depois disso, nunca mais é visto.

*

Com mais de uma década de ditadura militar, o governo dava alguns sinais de fraqueza – como ficou evidente na acachapante vitória do MDB, o partido que reunia todos os nomes de oposição ao regime, nas eleições de 1974. Porém, com relação à censura, embora não demonstrasse intenção prática de mudar qualquer comportamento quanto à política desempenhada, o governo parecia estar preocupado com a forma como a presença dela vinha crescendo, de maneira descontrolada.

Numa tentativa de abrandamento, o ministro da Educação, o paranaense Ney Braga, declarou estar interessado em conhecer o que considerava a "crise na Música Popular Brasileira". As causas, esclarecia Ney Braga, vinham de um levantamento feito pelo ministério à época e revelavam dois motivos. Um de ordem histórica, que havia muito era discutido: a arrecadação e distribuição dos direitos autorais, que afetava os rendimentos dos artistas. Outro, recente e mais agressivo: a censura. Esta atingia o artista no que ele tinha de mais básico – sua criatividade.

Em uma conversa do ministro com a classe artística, Ney Braga ouviu de um Chico irônico: "Um encontro com um ministro, senhor ministro, é raro, mas os encontros com a Censura são tão comuns". Depois, em conversa com a imprensa, Chico fez questão de frisar que o diálogo que teve com Ney Braga "não foi pessoal e nem tratou do problema da censura". E completou: "Esse problema não foi criado por mim e nem posso solucioná-lo. Sou contra a censura e pronto. Se ela aliviar um pouquinho, é bom. Se ela sumir, é o ideal".

Como vinha fazendo nos últimos tempos, ao revezar o lançamento de um disco com o texto de uma peça, Chico, em março de 1975, passou a se envolver, ao lado do dramaturgo Paulo Pontes, com a adaptação de *Medeia*, a tragédia grega escrita por Eurípedes. "Esse negócio de tragédia grega é meio fictício, não acha?", perguntou Chico à repórter Norma Couri, que o entrevistava para o *Jornal do Brasil*. "No Rio, acontecem por dia umas cinco tragédias gregas. Estão aí mesmo nas páginas de *O Dia* e da *Luta Democrática*, com toda a carga apaixonada e criminal."

Na nova adaptação, que surgira a partir de uma ideia de Oduvaldo Vianna Filho (falecido meses antes, em julho de 1974), *Medeia* teria um novo nome, Joana, mais afinado com o clima carioca onde a ação se desenvolveria. Sobre a opção de convidar Chico Buarque para o trabalho, Paulo Pontes detalhava: "Depois que o Vianninha morreu, quando decidi começar a trabalhar, achei que a melhor solução para fazer isso tudo era trabalhar com o Chico, principalmente em termos de revalorização da palavra. Porque o Chico é justamente isso, um operário, um artesão da palavra". Em entrevista ao jornal *O Globo*, Pontes recordou que Chico topou de imediato. "Então usamos a concepção básica do Vianninha, mas fizemos uma trama nova." O resultado foi um trabalho de dois meses de estruturação do texto e outros seis meses apenas de escrita. E, como se resumisse tudo o que havia sido feito, Paulo Pontes definiu o espetáculo da seguinte forma: "Segundo um tema do Chico para a peça, só falta uma gota d'água para que se deflagrem quatrocentos anos das desgraças de um povo". E concluía: "Por mim, a peça já tem nome: *Gota d'água*".

*

Dois meses depois de começar a se envolver com *Gota d'água*, em maio de 1975, Chico Buarque e tantos outros artistas perseguidos pela Censura, como Plínio Marcos, receberiam apoio de onde menos se esperava: um deputado da Arena, o partido de situação e de apoio aos governos militares. Insatisfeito com a atuação dos censores, o parlamentar paranaense Norton Macedo apontava que a Censura "não vinha sendo bem exercida". E completava dizendo que assim "a cultura nacional em todas as suas formas de expressão era corroída e amordaçada".

Demonstrando um certo conhecimento de causa, Macedo aumentava sua crítica ao mesmo tempo que apontava soluções. "Não conheço o texto de Plínio Marcos que acaba de ser vetado [referia-se a *Abajur lilás*] e nem as razões que levaram o Ministério da Justiça a vetá-lo", admitiu Macedo, que advertia: "O episódio atual, entretanto, torna oportuna uma tomada de posição mais ampla", defendendo que a Censura, enquanto órgão de governo, estivesse "aberta ao debate, à inteligência, com relação às obras submetidas à sua apreciação". Macedo seria ainda mais incisivo ao defender que "se até os réus têm direito à defesa, como negar ao autor a defesa de sua obra perante a autoridade competente?".

O parlamentar sugeriria ainda que a Censura fosse deslocada de área ministerial, deixando o Ministério da Justiça e passando a ser exercida pelo Ministério da Educação e Cultura. Com uma capacidade de avaliação pouco comum para quem estava no governo, Macedo elogiava Geisel, "que tem aberto diversas frentes de diálogo", ao mesmo tempo em que reconhecia que Plínio Marcos e Chico eram censurados muitas vezes por "comportamentos preconceituosos por parte dos censores, que vetam um Chico Buarque apenas por ele ser um Chico Buarque".

Enquanto recebia esses apoios inusitados, Chico dedicava-se a selecionar um repertório novo. Em junho, ele subiria ao palco do Canecão para dividir com Maria Bethânia um show em que comemorava dez anos de carreira. "Na verdade, se eu pudesse, gostaria de viver só compondo e escrevendo. Mas ainda não dá, é preciso resolver uns problemas financeiros", lamentava Chico em entrevista uma semana antes da estreia do espetáculo. Comparando o que arrecadava com as duas facetas de sua carreira – a musical e a literária –, o compositor explicava que ganhava mais fazendo uma temporada de um mês no Canecão do que recebendo os direitos autorais pela venda de 100 mil exemplares do livro *Fazenda modelo*. Além de pagar dívidas, Chico pretendia investir parte do que ganharia nos shows na montagem de *Gota d'água*, que ainda estava sem título definitivo e sem previsão de estreia.

A alegria e a emoção de inaugurar uma nova parceria ao lado da cantora, porém, não diminuíram a tensão e o cansaço de novamente ter de enfrentar o corte de algumas de suas obras. "Apesar do costume de a gente ir levando na brincadeira, a coisa dói", confessou ele à repórter Maria Lucia Rangel, do *Jornal do Brasil*. Uma das novidades para o show era "Tanto mar". Outra, "Vai levando" – primeira composição em parceria com Caetano Veloso, que até então apenas haviam se apresentado juntos.

O show do Canecão marcava o retorno de Chico aos palcos depois de um ano e meio distante do público, tempo que usou para escrever para teatro, jogar futebol, mudar de casa e se preparar para o nascimento da terceira filha. Porém, como havia previsto nos ensaios para o show, a Censura não esquecera dele. Justamente "Tanto mar", que indiretamente fazia referência a Portugal, foi vetada apenas duas horas antes do início do show.

Para piorar a situação, a primeira crítica publicada depois da estreia, no *Jornal do Brasil* e assinada por Mary Ventura, não demonstrava a menor simpatia pelo resultado, classificando o espetáculo como "o desencontro dos dois" e afirmando que Chico e Maria Bethânia estavam "desarticulados, dissociados, divididos sobre um palco como se um nada tivesse a ver com o outro". Atacando a forma como o show fora dirigido, Mary Ventura escreveu que "Chico foi relegado à função de acompanhante, obviamente cumprida por ele com a serenidade de quem prescinde de emulações e da disputa do fã-clubismo". Ao flagrar esse Chico deprimido e desenxabido, Mary Ventura muito provavelmente acertou no motivo para que o músico adotasse tal comportamento: a proibição de "Tanto mar".

*

Depois de atuar como correspondente do *Pasquim* em Roma, na época de seu autoexílio, Chico e o jornal voltariam a se encontrar em novembro de 1975. O músico aceitaria o convite dos editores (Jaguar, Ziraldo, Tárik de Souza, Ivan Lessa e Ricky) para uma longa entrevista. O depoimento – gravado no bar Comidinhas & Bebidinhas, na Lagoa, no Rio – duraria mais de três horas. Um descontraído papo de amigos, entre copos de chope, caipirinhas e garrafas de Fernet Branca, captou um Chico à vontade. Para participar do encontro, ele, inclusive, se afastou por alguns momentos dos ensaios de *Gota d'*água e foi recebido no bar por um animado Ziraldo – que, simulando um bongô na mesa do lugar, improvisou uma versão abolerada de "Carolina" antes de emendar com a primeira pergunta: "Quando você era adolescente, sacava que a música iria ser a sua?". Chico respondeu: "Até receber o primeiro cachê – e até mesmo depois – nunca imaginei que fosse viver de música". Na sequência, Chico lembraria a infância e a adolescência, os tempos vividos em São Paulo. Também negaria qualquer parentesco com o dicionarista

Aurélio Buarque de Hollanda, confusão que por muitos anos fez parte das reportagens que falavam de suas origens.

O primeiro momento polêmico foi provocado por Ziraldo, quanto ao fato de Chico ter escrito *Fazenda modelo* – livro que foi alvo de críticas por parte de alguns jornalistas. "É muito comum uma certa implicância com o eclético", comentou Ziraldo. Sem perguntar diretamente ao compositor, o cartunista avaliou que "o crítico não resiste à tentação de [pensar] que o cara tá invadindo uma área que não devia". Justificando-se, o compositor explicava que a produção do livro não teve nada de amadora ou oportunista. "Quando o sujeito larga tudo, como eu fiz, durante nove meses, para editar um livro [...] Não fazer aquilo de que você vive... Então não está querendo a glória, faturar dinheiro". E deixava sua intenção ainda mais clara: "Tá cagando. É uma necessidade biológica do homem. Pra valer".

Revoltado, o músico continuava: "Em *O Globo* saiu uma besteira, um cara dizendo que é um desabafo. Desabafo é a puta que pariu!". Chico, irritado, seguia: "Na *Veja*, talvez por eu ser um romancista estreante, convocaram um crítico estreante. No *Jornal do Brasil* saiu um trabalho sério. Em seguida: pá! Aquele Hélio Pólvora [1928-2015, jornalista baiano, também escritor, cronista, crítico literário e de cinema] gozando".

Ivan Lessa se solidarizaria com Chico, classificando-o como uma pessoa de uma coragem enorme por apostar num lançamento literário, e daria a deixa para Jaguar emendar com outra bola dividida: "O que você acha mais burra, a crítica literária ou a crítica musical?". Franzindo o rosto, Chico respondeu: "Páreo duro".

O mesmo Ivan, agora que a entrevista se encaminhava para ter *Roda viva* como tema, brincou: "Tenho medo de fazer a pergunta seguinte. Façam aí. Eu não faço!". A questão, encarada por um corajoso Ziraldo, dizia respeito ao tom dado à peça pela direção de Zé Celso. "Eu vi o seu texto", lembrou o cartunista, "era outra ideia". E acrescentou: "Depois de montada, considerei *Roda viva* muito mais de Zé Celso do que de você. Zé Celso botou aquela loucura na peça". Chico evitou a polêmica: "Mas eu acompanhei a loucura".

O compositor reconheceu que, ao aceitar a direção do encenador paulista, ele, Chico, havia se anulado como autor e o espetáculo montado sairia totalmente com a cara de Zé Celso.

Ivan Lessa insistiu no tema, destacando ter considerado agressiva a postura do ator Paulo Cesar Pereio, que, escanteado no palco, observava a plateia e dirigia comentários depreciativos a alguns espectadores. O cartunista Jaguar, o diretor teatral Flávio Rangel e o jornalista Paulo Francis foram algumas das vítimas dos ataques do ator. Nem o próprio Chico escapou. "Ficou combinado que aquele personagem do Pereio ficaria por conta dele. Tinha liberdade para xingar quem quisesse." Conformado, o compositor admitiu: "Não me livrou a cara. Me xingou todas as vezes que eu fui assistir". Apenas ao participar da entrevista Ivan Lessa se deu conta de que o xingamento fazia parte da performance. O jornalista foi atingido com um "aquele é mau caráter. Bom caráter é o pai dele, o Orígenes". "Fiquei puto da vida", reconheceu Ivan Lessa, "mas agora que sei que foi coisa do Pereio, achei ótimo."

Longe da questão artística, Chico recordou uma faceta pouco conhecida da sua adolescência: a de ladrão de carros. "Eu estudava num colégio de gente bem rica em São Paulo. Onde eu era um dos mais pobres da classe. Meus colegas iam à aula de Mercedes, chofer... Aí comecei a roubar automóvel. Roubei automóveis", confessou, rindo e ficando vermelho.

"Uma vez fui preso", seguiu Chico ao recordar seu primeiro problema com a polícia, que nada tinha a ver com uma censura artística. "Chegou aquele carro da radiopatrulha, parou a gente no Pacaembu. Tomamos porrada pra burro."

Apenas anos mais tarde, já na década de 1990, Chico voltaria a tratar do tema, dessa vez como inspiração para a música "A foto da capa", do álbum *Paratodos*, em que o compositor conta a história do retrato feito no dia em que foi fichado e que agora servia de ilustração para o disco: "É uma foto que não era para a capa/ Era a mera contracara, face obscura/ O retrato da paúra quando o cara/ Se prepara para dar a cara a tapa".

Na fatídica noite da prisão, Chico não teve nem o consolo de ser buscado pelos pais na delegacia. O casal Sérgio e Maria Amélia estava comemorando bodas de prata numa viagem a Ouro Preto. Coube a Miúcha, irmã mais velha, livrar o irmão do xilindró.

*

A montagem de *Gota d'água* chegaria aos palcos faltando apenas dois dias para o final do ano de 1975 e quase na mesma época em que o texto em livro era publicado pela editora Civilização Brasileira. Um dia antes, em entrevista ao repórter Flávio Marinho na edição dominical de *O Globo*, um Chico descontraído e queimado pelo sol de verão confessava que com *Gota d'água* ele passava finalmente a se considerar um autor de teatro. Para Chico, todo o período de produção do texto se revelou muito tranquilo, até pelo fato de partirem de uma obra completa, a *Medeia*, de Eurípedes. Ao detalhar a parceria, Chico explicou que, num primeiro momento, ele e Paulo Pontes traçaram o argumento da peça. Depois, Pontes escreveu o texto inicial e encaminhou para Chico, a quem coube reescrever e colocar em versos o que era preciso. A tarefa maior, sublinhou o compositor, foi enxugar o texto final, já que, para encenação no palco, havia ficado um pouco longo. No livro, a peça entrou na íntegra.

Dividida em dois atos, *Gota d'água* trouxe para os tempos atuais a inspiração grega, transferindo para um centro urbano a temática original. Os moradores de um conjunto habitacional, a Vila do Meio-Dia, servem como pano de fundo para o drama vivido por Joana (na versão original interpretada por Bibi Ferreira, à época casada com Paulo Pontes) e Jasão (Roberto Bonfim), que, tal como na peça original, larga a mulher para casar-se com Alma (Bete Mendes), filha do rico Creonte (Oswaldo Loureiro). Sem suportar o abandono, e para vingar-se, Joana mata os dois filhos e se suicida.

Para liberar o texto que seria exibido no palco, Paulo Pontes teve que negociar alguns cortes. Ainda assim, *Gota d'água* foi um sucesso de público e de crítica. Reconhecimento maior viria com o Prêmio Molière, recusado pelos autores em sinal de protesto contra a proibição de obras de outros dramaturgos, como *O abajur lilás*, de Plínio Marcos, e *Rasga coração*, de Oduvaldo Vianna Filho.

Os tempos andavam tão estranhos que a Censura, não satisfeita em atacar a arte que se fazia no Brasil, resolveu perseguir também espetáculos estrangeiros. Em março de 1976, o Ministério da Justiça proibiu a transmissão pela tevê de *Romeu e Julieta*, espetáculo de dança criado pelo balé Bolshoi, da União Soviética. O apoio mais imediato e entusiasmado à esdrúxula proibição foi dado pelo deputado José Bonifácio (Arena-MG), que garantiu que se "o ministério proibiu era porque tinha algum motivo relevante", sem explicar que motivo era esse, acrescentando que não se preocupava com as razões, simplesmente argumentando que o "balé era uma arte de elite". Maior perigo, notava José Bonifácio, era se a proibição atingisse um "artista popular como Chico Anysio,

Roberto Carlos ou Chico Buarque". O parlamentar não explicou se apoiaria esse tipo de censura.

Chico voltaria a se manifestar contra a censura pelos jornais. E era possível notar pelas declarações que o músico estava cada vez mais irritado e revoltado com a ação dos censores. Em entrevista concedida à repórter Maria Lucia Rangel, no *Jornal do Brasil*, em julho de 1976, ele criticava o fato de a Censura tratar os artistas como marginais. "Enquanto persistir a mentalidade segundo a qual arte e cultura são coisas de pederastas, drogados ou vagabundos, não haverá jeito", lamentava, da mesma forma que notava a pouca unidade entre os artistas na defesa de sua arte. "A última vez que vi compositores reunidos foi à saída do Dops, quando um preposto da TV Globo nos colocou contra a parede" [em 1971, 12 compositores convidados para participar do VI Festival Internacional da Canção tiveram de cancelar sua participação dada a impossibilidade de fazer arte diante da "exorbitância, a intransigência e a drasticidade do Serviço de Censura"]. E, desanimado, Chico concluía: "Hoje, é cada um por si".

O fato é que havia mais de cinco anos que Chico não conseguia gravar um disco sem a incômoda parceria com a Censura. Assim, ele, na mesma entrevista, confirmava que a Censura, de certa forma, o estava empurrando para outras atividades. "Nunca faço mais do que um disco por ano", lembrava, contando que, no projeto musical seguinte, ele teria os mesmos velhos problemas. "Mandei duas músicas à Censura e uma foi vetada."

O episódio mais recente envolvia a canção "Mulheres de Atenas", parceria de Chico e do diretor teatral Augusto Boal. O mesmo Boal que seria o personagem oculto da carta-musicada que abriria o novo disco de Chico Buarque: *Meus caros amigos*.

4
A coisa aqui tá preta

Meus caros amigos era o nome do disco. "Meu caro amigo" era a canção. Nascida de uma provocação – enquanto o disco ganhava um título no plural, a canção foi batizada no singular –, a composição tinha por principal característica levar um recado direto a um amigo que estava exilado. Morando em Portugal, Augusto Boal pouco recebia notícias do Brasil e – por isso mesmo – cobrou certa vez de Chico que lhe enviasse mais informações. O pedido foi atendido.

Registrada numa fita cassete, a gravação chegou a Boal através de sua mãe, que foi a portadora e responsável pela entrega. Assim, "Meu caro amigo" foi ouvida em Portugal pela primeira vez durante um almoço na casa de Boal, em Lisboa, no bairro Campo Pequeno, onde o diretor teatral reuniu familiares e também amigos que se encontravam no exílio, dentre eles Darcy Ribeiro e Paulo Freire. "Falávamos de tristezas, e ouvimos um canto de esperança", recordou o teatrólogo, anos depois, em depoimento para o livro *Chico Buarque do Brasil*.

Choro acelerado marcado pela flauta de Altamiro Carrilho, a letra de "Meu caro amigo" começava com Chico pedindo desculpas ao destinatário por não poder lhe visitar ao mesmo tempo que justificava que sua intenção não era provocar ou atiçar velhas saudades. Reclamando da impessoalidade de um telefonema e desconfiando da lisura dos Correios – naquela época, as cartas também eram censuradas –, Chico explicava que a melhor maneira de se comunicar seria mesmo tendo o disco como veículo: "Se me permite/ Vou tentar lhe remeter/ Notícias frescas nesse disco".

Toda "carta" era marcada pelo refrão em que Chico contava que "aqui na terra/ Tão jogando futebol/ Tem muito samba, muito choro e rock'n'roll/ Uns dias chove/ Noutros dias bate sol", para finalizar com um resumo daqueles dias em que a barra continuava pesada: "Mas o que eu quero é lhe dizer que a coisa aqui tá preta". Chico encerrava sua missiva falando de sua mulher – "A Marieta manda um beijo para os seus" – e desejando bons augúrios a todos: "Um beijo na família, na Cecília e nas crianças/ O Francis aproveita pra também mandar lembranças/ A todo o pessoal, adeus".

Meus caros amigos surgia três anos depois de Chico ter gravado o último disco em que expressava o conjunto de seu trabalho. Depois de *Chico canta*, de 1973, os outros dois trabalhos do músico foram *Sinal fechado*, em 1974, em que interpreta canções de outros compositores (à exceção de Julinho da Adelaide e Leonel Paiva), e *Chico Buarque & Maria Bethânia ao vivo*, uma gravação de seu show ao lado da cantora baiana, interpretando repertório já conhecido. Agora, com o novo projeto, Chico fazia uma das sínteses mais completas do momento que o país vivia, filtrado por sua capacidade criativa.

O disco era ainda resultado de uma parada estratégica que Chico dera nas apresentações ao vivo, convencido de que era preciso dedicar mais tempo a compor e a escrever – não apenas música, mas também para o teatro e para o cinema. "Não quero mais a música pela música. Agora tenho trabalhado com parceiros e tido um contato maior com o pessoal de cinema e teatro, participando, escrevendo", disse o músico em entrevista à repórter Margarida Autran, de *O Globo*.

Dois anos antes do lançamento do disco *Meus caros amigos*, Chico publicou o livro *Fazenda modelo*, resultado de dez meses de dedicação quase exclusiva. *Fazenda modelo* foi a primeira obra literária trazida a público pelo autor. Clara alegoria do Brasil da ditadura, do milagre econômico e suas conjunturas, *Fazenda modelo* trouxe uma história extremamente semelhante à obra *A revolução dos bichos*, de George Orwell, escrita trinta anos antes, na qual o autor também criava um mundo fictício, composto por uma fazenda na qual os animais promovem uma revolução para se libertar da opressão do fazendeiro.

Para montar o novo trabalho musical, Chico selecionou composições de diversas fases de sua carreira – algumas cujas gravações estavam proibidas, mescladas com outras que haviam sido encomendadas para trilhas de peças e de filmes. Estavam lá "Mulheres de Atenas", feita para a peça *Lisa, a mulher libertadora*, do mesmo Boal de "Meu caro amigo"; "Vai trabalhar, vagabundo", composta para o filme de mesmo nome do diretor Hugo Carvana; "Passaredo" e "A noiva da cidade", escritas por Chico e Francis Hime para o filme *A noiva da cidade*, de Alex Vianny; e "Basta um dia", que fazia parte da trilha da peça *Gota d'água*. Além de dividir a autoria com Chico em três composições, Francis Hime seria o responsável pela maioria dos arranjos. "O disco não tem uma unidade temática. Procurei incluir músicas que estavam com gravação proibida e que foram liberadas", disse Chico em entrevista ao *Jornal do Brasil* em dezembro de 1976.

Se "Meu caro amigo" tratava os problemas contemporâneos do Brasil de maneira enviesada e bem-humorada, "O que será? (À flor da terra)" era o contrário. Grave e incisiva, a composição – no disco contando com a participação de Milton Nascimento, dividindo os vocais com Chico – saiu da trilha do filme *Dona Flor e seus dois maridos*, mas trazia em sua estrutura uma postura mais pesada, bem diferente do clima leve e pitoresco do longa-metragem. Composta em três versões, que marcam passagens diferentes da trama – "Abertura", "À flor da pele" e "À flor da terra" – "O que será?" é a mais cortante das faixas do disco, abordando temas como a desordem, o desgoverno e, principalmente, a censura. Ou melhor, como resumia Chico, o que não tem censura, nem nunca terá.

O próprio autor da música chegou a admitir que não foi do filme que veio sua inspiração. Para Chico, a ideia musical surgiu depois de ter visto fotografias de Cuba que o jornalista Fernando Morais lhe havia mostrado. As duas versões foram lançadas separadamente: "O que será? (À flor da terra)" faz parte do álbum *Meus caros amigos*, de Chico, enquanto "O que será? (À flor da pele)" saiu no álbum *Geraes*, de Milton Nascimento. A intenção de Chico ao compor ganharia um novo ingrediente quase duas décadas depois, quando, em 1992, ele teve acesso ao conteúdo de sua ficha no Dops e achou curiosa a interpretação que os censores fizeram da letra. Em entrevista ao *Jornal do Brasil*, o compositor admitiu: "Acho que eu mesmo não sei o que existe por trás dessa letra e, se soubesse, não teria cabimento explicar".

Com tamanha produção, Chico também se empenhava em desmistificar alguns folclores, como um muito difundido que o tratava como "gênio", garantindo que ele era capaz de compor a qualquer hora, "no táxi, no banheiro ou atravessando a Avenida Vieira Souto para ir à praia". Nas entrevistas concedidas no período, o autor desmentia esses factoides e, inclusive, explicava seu método: "Trabalho muito lentamente. Jamais faço mais de uma música por mês. Não gosto de mostrar nada antes de terminar. Quando me dou por satisfeito, aí sim quero mostrar para todo mundo".

A alegria do lançamento de *Meus caros amigos* seria diminuída pelo impacto da morte de Paulo Pontes. Antes que dezembro de 1976 terminasse, Chico perderia seu parceiro em *Gota d'água*. Pontes morreria de câncer, aos 36 anos. "O pensamento do Paulo Pontes sempre foi importante. Ele tinha um poder de mobilização muito forte, e o Rio é uma cidade extremamente dispersiva", lamentou Chico na época.

Bem colocado entre os mais vendidos no Natal de 1976, a boa receptividade de *Meus caros amigos* deixou o compositor tão relaxado que ele pôde começar a pensar num novo projeto que dificilmente teria problemas com a censura: a gravação de um disco destinado ao público infantil.

Chico, então, pretendia adaptar o conto dos irmãos Grimm, "Os músicos de Bremen", a partir de uma sugestão que lhe havia sido dada pelo produtor italiano Sergio Barsotti. Ao lado do músico Luiz Enriquez, Barsotti havia composto o disco *I Musicanti*. Chico gostou da versão italiana, adaptou para o português as letras de Barsotti e, com produção de Sérgio Carvalho, lançou *Os saltimbancos*. Alegria maior Chico teria por poder reunir no disco amigos (Nara Leão, Ruy Faria e Magro Waghabi, os dois últimos do MPB4) e parentes (a irmã Miúcha, a sobrinha Bebel, filha de Miúcha e João Gilberto, e as próprias filhas, Sílvia e Helena).

Os saltimbancos seria o primeiro trabalho de Chico em muitos anos a não ter nada vetado.

*

Em entrevista ao *CooJornal* – periódico criado pelos profissionais da Cooperativa dos Jornalistas de Porto Alegre e que circulou entre agosto de 1974 e setembro de 1983 –, Chico declararia, em junho de 1977: "Eu acho que esta questão da Censura não é somente isso, porque hoje em dia ainda há censura". E, fazendo um comentário em cima do quadro político-partidário, concluiria: "Só uma parcela mínima dentro da Arena aprova a Censura do jeito que ela estava sendo efetuada. Só a linha José Bonifácio, a linha Dinarte Mariz [senador potiguar ligado à linha-dura do regime militar], porque um liberal da Arena já é contra. Não digo contra a Censura como existe hoje, mas contra o que existia há quatro anos, vamos dizer. Hoje, se você perguntar para o Magalhães Pinto [banqueiro e senador mineiro, ex-governador e apoiador de primeira hora do golpe de 1964], ele vai dizer que é contra o endurecimento".

Em sua fala, Chico flagrava como a Arena, o partido do governo, estava cindida: um lado dominado pela linha-dura, outro já tomado pelos novos ares que começavam a ser trazidos pela abertura. O ano seguinte seria de eleições, o mandato de Ernesto Geisel estava terminando e temas como a anistia e a volta dos exilados, cada vez mais na ordem do dia.

O próprio Chico se mostrava mais permeável a mudanças. Em setembro de 1977, o compositor se reaproximaria de um veículo que fora fundamental no início de sua carreira e do qual ele havia se afastado progressivamente ao longo de pouco mais de uma década: a televisão. Na reportagem de capa do Caderno B, do *Jornal do Brasil*, com o título "A tevê é ruim. Mas quanto mais, melhor", Chico reconhecia: "A tevê, na minha carreira, me popularizou. Em termos de dinheiro, não era quase importante, mas uma ponte para outras coisas". Logo adiante, anunciava sua parceria com a TV Guanabara, afiliada da Rede Bandeirantes no Rio de Janeiro. Porém, na mesma entrevista, reafirmava que uma exceção seria mantida: ele não pretendia trabalhar para a Rede Globo.

A postura de Chico refletia um pensamento que o acompanhava desde o exílio na Itália e de como ele viu a evolução da tevê no Brasil após o seu retorno. "Senti lá dentro, na tevê, e na pele, a desimportância absurda que o artista tem no Esquema Globo, o desrespeito, a censura interna." Pontuando sua opinião, Chico evitava avaliar a Globo como sendo ruim e a Bandeirantes, boa. "O que é ruim, nocivo, brutal é o monopólio que permite a uma estação de tevê tratar de forma ditatorial os técnicos, artistas e funcionários e, em consequência, o público telespectador."

Chico, no cenário artístico, era um privilegiado. E sabia disso. "O meu disco que mais vendeu, *Meus caros amigos*, não deveu nada à tevê. Pessoas de certo nome – e me considero uma delas – podem passar sem a televisão. O problema é a dificuldade de gente nova aparecer." Para Chico, muitos diretores tratavam os artistas como subalternos, "o que cria um clima de trabalho irrespirável".

Um mês depois, um Chico Buarque ainda mais veemente se manifestaria em nova entrevista ao *Jornal do Brasil*. Assumindo a forte conotação política de seu trabalho, o compositor começava se explicando pelo uso atravessado que haviam feito de uma frase sua, a de que o "MDB não dá samba". "Levei um susto quando vi a notícia com o destaque que saiu. É bom esclarecer. Eu disse que o MDB não dá samba, e a Arena muito menos." Chico reforçaria sua explicação garantindo que acreditava que "os melhores homens do MDB lutam por uma sociedade cada vez mais justa e democrática". E garantia: "Por isso mesmo tenho dado apoio a candidatos do MDB, voto no MDB e continuarei votando enquanto for essa a opção".

Além de reforçar sua posição, Chico escancarava sua opinião de que um artista "pode até subir nos palanques de comícios para fazer discursos", mas admitia o contraditório alegando que se alguém "preferir outra forma de manifestar seu inconformismo – ou mesmo não o manifestar – ninguém tem nada com isso". Encerrando a discussão, Chico defendia que não cabe a nenhuma pessoa "julgar o valor da sua produção segundo critérios políticos".

Ao se manifestar, Chico sabia como se dava a relação entre artistas e políticos, entre o palco e o palanque. "Acho que este apoio que dou, quando é público, só tem valor enquanto eu for um artista conhecido. É um aproveitamento político do meu eventual valor artístico. Eu permito isso nas épocas de eleição."

O compositor se desagradara por ter visto seu nome envolvido por terceiros numa polêmica com Caetano Veloso. "Não posso permitir que se faça uma exploração política do meu nome para atacar o Caetano", reclamava Chico, justificando que o músico baiano conservava uma postura diferente. "O Caetano não se mete em política, não dá apoio público ao MDB, não faz declarações políticas."

Dessa maneira, Chico retribuía as palavras gentis que o colega baiano havia dedicado a ele três meses antes: "Chico Buarque está maravilhoso. Acho 'O que será?' absolutamente genial. Linda, forte, a primeira letra mística dele". Convidado a explicar o que seria uma letra mística, Caetano diria: "É a letra que não é só lírica. Parece que a alma dele está maior, querendo mais. Veja outra música dele, a que diz 'a gente faz hora, faz fila, na Vila do Meio-Dia'. É deslumbrante. Ele é o maior versejador brasileiro, estilhaça as coisas".

Naquele momento, o posicionamento político de Chico era tão aberto que permitia ao compositor, inclusive, abrir o voto que dera um ano antes. "Nas últimas eleições para vereador, votei num candidato que me pareceu mais preparado, mais maduro", explicava, garantindo ainda que chegou a sugerir o nome do candidato a quem o procurava para saber sua opinião. Porém, em assunto não relacionado com a Câmara de Vereadores, o eleito decepcionou seu eleitor. "Tempos depois se saiu, no *Jornal do Brasil*, com uma crítica tristíssima ao livro *Feliz ano novo*, do Rubem Fonseca." Nessa hora, Chico admitia, ficava dividido, embora não deixasse novamente de se posicionar: "Sou muito mais o Rubem Fonseca do que o José Frejat". Anos mais tarde, José Henrique Fonseca, filho de Rubem Fonseca, se casaria com a filha mais velha de Chico, Sílvia.

A manifestação de Chico receberia apoio até do próprio *Jornal do Brasil*, que em editorial publicado dias depois saudava o compositor como alguém com inestimáveis serviços prestados à música brasileira e que a partir daquele momento contribuía para a elevação do grau de inteligência política do país ao condenar a atitude daqueles que julgam artistas a partir das posições que eles às vezes levam aos palcos. O apoio a Chico dado pelo *JB* ganhava nova dimensão a partir da crítica que o jornal fazia a "alguns setores retrógrados que por insistência se transformaram em tutores da cultura nacional, sem que fizessem para isso qualquer exame de competência, sequer o de títulos". Não escondendo a quem se referia, o editorial dava nome a quem usava esse "obscurantismo ao nível de ação". "Chama-se censura." Chico, então, era apontado como uma das maiores vítimas dessa censura, que "pretende ser moralista e patrocina as pornochanchadas, pretende combater a subversão e proíbe, em instantes de provável desvario, a importação livre de obras estrangeiras".

O que o editorial do *JB* apontava nas entrelinhas era que Chico estava sendo deixado um pouco de lado pelo fato de os censores estarem mais ocupados analisando as quase três dezenas de títulos cinematográficos na fila para serem examinados, aí incluídos títulos como *O atleta sexual*, *Minha mulher ainda é virgem*, *O sexo vem a cavalo*, *Obsessão do sexo*, *Bordel*, *Os pornógrafos*, *O elixir do sexo* e *A virgem de vermelho*.

A incoerência, a falta de critério e a incompetência da Censura começavam a ser cada vez mais questionadas. Em artigo publicado no *JB*, o poeta José Lino Grünewald enumerava o extenso repertório dos censores que naquele momento escolhiam sua vítima mais recente, o filme *Casanova*, de Federico Fellini. Grünewald lamentava não ser esse um caso isolado, e sim mais um ataque como os que estavam sendo feito às obras de Chico Buarque, José Louzeiro, Rubem Fonseca e Oduvaldo Vianna Filho, além de vítimas estrangeiras, como o filme *Laranja mecânica*, de Stanley Kubrick, algumas gravuras eróticas de Pablo Picasso e o balé Bolshoi.

Em novembro de 1977, Rogério Nunes, do alto do pomposo cargo de diretor da Divisão de Censura de Diversões Públicas do Departamento de Polícia Federal, decidiu comentar a possibilidade de a Censura Federal ser transferida para o Ministério da Educação ao mesmo tempo garantindo que a estrutura permanecesse a mesma, já que "cabe ao censor apenas executar a lei".

Na contramão até do movimento governamental, que gestava uma abertura política, Rogério Nunes defendia que a Censura não deveria estar condicionada à abertura, explicando que o censor era um ente impessoal, sem qualquer prevenção contra determinados autores. "Chico Buarque fala contra a censura, mas não tem letras proibidas, com exceção das incluídas na peça *Calabar*, mas isso em decorrência da interdição total do texto."

Porém, apesar de algumas aparências, o governo não estava totalmente voltado à abertura e a tempos mais democráticos. Em fevereiro de 1978, Chico Buarque seria interrogado de maneira oficial pelo Departamento de Polícia Política e Social (DPPS). Num depoimento realizado em duas partes, Chico foi questionado sobre sua ida a Portugal e os possíveis contatos que manteve com exilados brasileiros naquele país. Além disso, os interrogadores queriam saber da participação de Chico no concurso literário Casa de Las Americas, em Cuba. Chico havia estado na ilha do Caribe ao lado do escritor Antonio Callado e do jornalista Fernando Morais, outros dois que também atuaram como jurados do concurso e que igualmente tiveram que prestar declarações à Polícia. O delegado Antônio Malfitano, diretor do Departamento de Polícia Política e Social, justificou a detenção explicando que "toda figura de projeção nacional que sai do país e visita uma nação que não mantém relações diplomáticas com o Brasil é sempre chamada a depor".

Ainda no aeroporto, Chico e Callado foram abordados pelo delegado Nilton Fernandes Massa, da Polícia Federal, que nada explicou sobre a detenção e os encaminhou para uma sala da Polícia Marítima.

Mais tarde, Chico chegou à sede da DPPS, na Rua da Relação, no Rio de Janeiro, em um Fusca branco da Polícia Federal. Ele desceu do carro e pediu aos repórteres que esperassem, pois havia assumido o compromisso de só se manifestar quando fossem encerrados todos os depoimentos. No carro da polícia estavam o compositor, no banco da frente, e Callado e o advogado Modesto da Silveira no banco de trás. Da polícia, apenas o motorista, pois o delegado Miguel de Lacerda dispensou a escolta. "Afinal, são intelectuais", justificou um dos policiais.

Na saída do depoimento, três horas depois, Chico cumpriu o que havia prometido aos jornalistas e arranjou tempo para tomar uma cerveja no bar da esquina, conversar com os repórteres e contar o que era quase uma ameaça.

"Eles [os policiais] disseram que minha volta aqui depende das declarações que eu fizer à imprensa." Chico então relatou que seu depoimento, à base de cafezinho, foi tomado por quatro agentes, que durante todo o tempo se comportaram de maneira seca. Tanto o sogro, o juiz Luis Severo, quanto o advogado do compositor, Modesto da Silveira, não foram autorizados a ingressar na sala em que Chico depôs.

Apesar do constrangimento, a conversa se deu quase sempre de forma amena. No final, não foi apenas tempo que Chico perdeu com esses interrogatórios. Sua mala, com 12 discos e dezenas de livros que havia ganhado em Cuba, foi apreendida pela Alfândega e depois remetida à Censura, que decidiria se entregaria ou não os materiais ao músico. Também foram apreendidos outros 78 discos e 92 livros retirados da bagagem de Chico, entre os quais um livro de gravuras oferecido ao compositor por um diretor da TAP, a companhia aérea pela qual Chico havia viajado. Além de Cuba, Chico foi também a Itália, Portugal, França e Inglaterra, onde disse ter comprado muitos discos e livros, "todos liberados e vendidos normalmente nos países do mundo ocidental", explicou.

Sobre sua participação no concurso literário em Cuba, Chico reforçou a importância de um intercâmbio cultural como esse, ainda que reconhecesse: "Na volta sempre tem um pouco de chateação, mas também não é grande coisa".

Ao final da conversa com os jornalistas, com todos mais relaxados, Chico anunciava seus próximos planos artísticos: "Um grupo de trabalho resolveu fazer uma adaptação da *Ópera dos mendigos*, escrita por John Gay, em 1728, e que Bertolt Brecht recriou duzentos anos depois na *Ópera dos três vinténs*. Estou nesse grupo".

Começava a nascer a *Ópera do malandro*.

5
Eis o malandro na praça outra vez

Como quase tudo que envolvia o nome de Chico Buarque naquela época, *Ópera do malandro* surgia envolta em curiosidade e polêmica – e também em garantia de qualidade. Em março de 1978, ao ser enviada para a Censura, uma peça "sem nome e vertida do inglês" foi totalmente vetada. Tratava-se da adaptação que Chico Buarque pretendia fazer do texto do britânico John Gay, escrito em 1728, que, conforme alegou a Censura, teve seu veto baseado no artigo 41 de uma lei de 1946 que tratava do "atentado ao decoro público capaz de provocar incitação contra o regime".

Espantado, Sérgio Brito, produtor da peça, declarou que não conseguia compreender os motivos da censura, já que o autor Bertolt Brecht também aproveitou o original de John Gay em trabalho a que deu o título de *A ópera dos três vinténs*, que já havia sido montada quatro vezes no Brasil depois de 1964 sem receber qualquer veto. No mês seguinte, sem maiores explicações, a peça seria liberada pela Censura. O responsável pela liberação teria sido Humberto Barreto.

Formalmente assessor de imprensa do então presidente Ernesto Geisel, Barreto tinha uma função que transcendia o nome e a estatura do cargo. Naquele período, aquele assessor calado e de perfil discreto era um dos homens mais influentes da República, muito por causa da intimidade que tinha com a família Geisel. Barreto convivia com o general e seus parentes desde os anos 1940, quando se aproximou do único filho do general, Orlando, que morreu num trágico acidente em 1957, colhido por um trem. A partir de então, Barreto foi praticamente adotado pelo general, de quem sempre recebia conselhos. A recíproca era quase igual numa outra dimensão: Geisel ouvia muito Barreto.

Liberada, a peça pôde entrar em cartaz em julho de 1978, no Teatro Ginástico, no Rio de Janeiro. Com a ação adaptada para a Lapa do final do Estado Novo e mostrando as tensões sociais e as ambições de grupos econômicos nacionais e estrangeiros na economia brasileira, a *Ópera do malandro* era um desfile de contrabandistas, gigolôs, policiais corruptos, prostitutas, agiotas e empresários de negócios escusos. Uma superprodução que reunia mais de cinquenta pessoas, a peça trazia no elenco nomes como Marieta Severo, Carlos Gregório e Otávio Augusto sob a direção de Luís Antônio Martinez Corrêa, irmão mais novo de Zé Celso, de *Roda viva*. "Eu estava procurando um texto de Brecht e há alguns anos pensei em fazer com o Ruy Guerra uma adaptação da *Ópera dos três vinténs*", lembrou Chico em uma entrevista ao *Jornal do Brasil*. "O projeto não foi levado adiante, mas em 1977 o Luís Antônio me falou sobre o texto do John Gay." Ao final, Chico resumiu o enredo: "Trata-se de uma peça sobre o dinheiro, onde não há heróis, todos os personagens vivem em torno do capital. Na luta pela sobrevivência, que não permite veleidades éticas, eles estão em dois níveis: o dos que lutam para sobreviver e o dos que lutam para acumular".

A estreia não evitou os contratempos. Como num primeiro momento havia sido vetada pelos censores do Rio de Janeiro, *Ópera do malandro* só foi liberada depois de uma série de idas e vindas a Brasília, com a Censura Federal autorizando a montagem, porém com alguns cortes. "Refiz alguns trechos e começamos os ensaios. Mas será necessário mandar novamente para novo julgamento das modificações", resignava-se Chico.

Classificado pela repórter Maria Angélica Carvalho, em *O Globo*, como um representante da "arte de resistência", Chico se adaptava ao perfil sugerido. Ele era visto como um autor (e aí é possível se incluir trabalhos anteriores, como *Calabar* e *Gota d'água*) que havia formado um público consumidor voraz por tudo o que tivesse o selo de "oposicionista" – fosse qual fosse sua qualidade estética. Porém, Chico repudiava o rótulo e se defendia dizendo ser apenas um autor e que, se o trabalho não tiver um valor intrínseco, não será prestigiado – por mais que o criador goze da simpatia de determinada área. "Eu tive problemas anteriores", lembrou Chico. "Discos com músicas cortadas, músicas sem letra, capas em branco etc., que despertavam muita simpatia e solidariedade pessoal." E concluía, desapontado por não ver essa simpatia se transformar numa possível compensação: "Mas isso não se refletiu em vendagens. Pelo contrário, foram discos que não fizeram sucesso nenhum".

Ele dizia não acreditar que alguém que fosse ao teatro e se dispusesse a pagar por um ingresso fizesse isso apenas por simpatizar com determinado nome. A repórter, então, insistiu com o tema, exemplificando o surgimento de "famas à sombra da censura", ou seja, certos produtos culturais ou certa linha de pensamento "oposicionista" que eram vistos com simpatia dentro da classe média. Chico rebateu: "Eu tenho consciência de que a censura me deu várias páginas de jornal de notícia, ao mesmo tempo que eu também dei muita notoriedade à censura. E me orgulho disso. Eu denunciei a censura".

Chico admitia que, mesmo nos momentos de maior desespero de seus problemas pessoais com a censura, jamais tratou isso como uma revolta pessoal, e sim como um problema de princípios. "E eu posso dizer isso com tranquilidade, pois fui uma das pessoas que mais teve enfrentamentos com a censura." O compositor fazia uma análise do papel representado pela censura para toda uma geração. "Houve um prejuízo incalculável para a cultura brasileira em todos os níveis, em todas as áreas." Chico citava a si próprio como exemplo, lembrando ter sido alguém que nasceu num clima de relativa liberdade e que teve o privilégio de se formar e, só depois disso, encarar um período de obscurantismo. "A diferença básica", apontou o músico, "é que nós, um pouquinho mais velhos, temos a consciência de que este período pelo qual a gente está passando é provisório. Já o rapaz que se formou debaixo disso tem a impressão de que é um negror definitivo."

Em paralelo à montagem de *Ópera do malandro*, Chico começava a gravar seu novo disco, que deveria contemplar as obras criadas para a peça. Tão grandioso como o espetáculo, o repertório musical reunia quinze novas composições de Chico – um recorde mesmo para um autor prolífico como ele. As canções traziam letras de Chico, algumas colocadas em cima de melodias de Francis Hime, Milton Nascimento e Miltinho, do MPB4. Das quinze, apenas uma já era conhecida, "Teresinha", gravada anteriormente por Maria Bethânia.

Porém, em outubro de 1978, antes do lançamento do disco com a trilha sonora de *Ópera do malandro*, Chico pôde colocar nas ruas um novo trabalho em que lhe foi permitido recuperar algumas canções que adormeciam encalhadas nos porões da Censura. Cinco anos depois de apresentada pela primeira vez, por exemplo, ele conseguiria interpretar "Cálice", agora dividindo os vocais com Milton Nascimento.

Só então a canção, feita em parceria com Gilberto Gil, teve a veiculação autorizada pela Divisão de Censura do Departamento de Polícia Federal. O carimbo de *liberado* foi dado no dia 2 de agosto de 1978, tendo logo abaixo a assinatura da censora: Maria Arlete L. Gama.

Se liberava Chico, a Censura não deixava de encrencar com outros artistas. A vítima da vez foi o cantor Ney Matogrosso. Por aparecer nu na capa interna em seu novo disco, o cantor foi obrigado a lacrar o LP com plástico para que pudesse ser comercializado. Acostumado com os desmandos da Censura, Ney conseguiu ver na proibição uma vantagem: "Divulgará ainda mais o disco".

Lenta e gradualmente, as comportas da Censura estavam sendo abertas – e o público poderia também ouvir novamente o samba "Apesar de você" (proibido desde 1970), "Cálice" e o fado "Tanto mar", censurado em 1975. Além dessas, esse novo LP, sem título, trazia outras composições – como "Trocando em miúdos", letra de Chico para melodia de Francis Hime; "Pequeña serenata diurna", do compositor cubano Silvio Rodriguez; e três outras que integravam a trilha sonora de *Ópera do malandro*: "Homenagem ao malandro", "Pedaço de mim" e "O meu amor".

"Essas músicas proibidas podem ser ótimo assunto para imprensa, mas não têm maior significação para mim. Por quê? Já são coisas passadas, e o fato de serem liberadas agora não me obriga a ser grato. O prejuízo já ocorreu", disse ele em uma entrevista ao *Jornal do Brasil*. Dessa maneira, Chico dizia querer evitar que o disco fosse confundido com qualquer espécie de resistência, embora, para ele, continuasse sendo importante cada vez mais se manifestar como cidadão.

Parte dessa prática de cidadania Chico exercitava apoiando abertamente candidatos em que acreditava nas eleições parlamentares, então os principais pleitos realizados no Brasil. Em 1978, no Rio de Janeiro, ele fez os jingles para a campanha a deputado federal do seu advogado, Modesto da Silveira, que concorria pelo MDB. Em São Paulo, abriu o voto e produziu jingles para os candidatos Audálio Dantas, deputado federal, e Fernando Henrique Cardoso, senador, com o refrão: "A gente não quer mais caciques/ A gente não quer mais feitor/ A gente agora está no pique/ Fernando Henrique para senador". Apesar do apoio, Fernando Henrique ficaria apenas com uma suplência naquela eleição. O vitorioso seria Franco Montoro, também do MDB.

Na época, Chico classificava seu trabalho mais recente como uma salada de frutas, em que misturava músicas novas e antigas, além de composições feitas para filmes e peças. A única intervenção no repertório não foi feita pela Censura e, sim, pelo próprio Chico, que resolveu mexer em "Tanto mar". "Dei uma atualizada nela. Sugeriram que eu mudasse a letra. Ela foi feita no calor da festa e hoje não há o mesmo clima." Vertendo os verbos do presente para o passado, Chico trocou "Sei que estás em festa, pá/ Estou contente" para "Foi bonita a festa, pá/ Fiquei contente". Sobre o reencontro com "Apesar de você", Chico explicou em entrevista ao *Jornal do Brasil*: "Ela é um desabafo e é alegre também, mas não deixa de ter um tom de revolta, que não é o tom das minhas músicas atuais".

A alegria maior Chico dedicou à única das 11 canções do disco que não era de sua autoria. "É uma lembrança minha da viagem a Cuba, que foi uma experiência muito forte", explicou o compositor sobre a escolha em interpretar "Pequeña serenata diurna". Admirador da cultura cubana e próximo dos compositores da Nova Trova, como Sílvio Rodriguez e Pablo Milanés, Chico acenava para um intercâmbio maior entre os dois países. "Não vejo por que o Brasil ficar tão desinformado e distante de Cuba. A música talvez ajude a aproximar os dois países", destacou o compositor. E sublinhou: "Sílvio Rodriguez sabe tudo de nossa música".

Entre as demais composições – novas e antigas, censuradas e liberadas, tristes e alegres –, Chico confessava na entrevista qual lhe agradara mais. "'Até o fim' é uma curtição. Fiz no estúdio, um maracatu com uma pegada roqueira. É uma música alegre, que gravei tocando violão, coisa que nunca faço a não ser quando gravo ao vivo." Era o resumo de um Chico que se mostrava mais tranquilo e que queria sorrir.

O disco ainda seria o tema de abertura da coluna de Nelson Motta na primeira semana de dezembro de 1978. Aproveitando o material promocional que vinha encartado no LP enviado aos jornalistas, o colunista destacou o trecho em que Chico falava sobre a minimização do lado político de suas músicas: "Esse clima é proposital". E justificava a decisão: "Para evitar justamente essa conotação de resistência que sempre me acompanha".

Chico também aproveitou o material de divulgação para detalhar ainda mais o seu pensamento naquele momento em que a abertura política engatinhava. "Me incomoda um pouco essa capacidade que o sistema tem para absorver esse tipo de música. Sou contra essa mistificação, esse endeusamento, essas bobagens todas." Ao final, resumiu o que esperava de si próprio, da sua postura: "Acho muito mais útil a minha atuação fora da música, aproveitando a popularidade que a música me dá para me manifestar como cidadão. A minha política é muito clara. Não tenho necessidade de falar disso nas minhas músicas".

O disco – sem título (apenas com o nome do autor na capa) e com as faixas recuperadas pelo compositor na Censura – trazia ainda uma outra novidade: um Chico sem bigode.

*

O ano de 1978 acabaria com Chico Buarque sendo a atração do especial de Natal da TV Bandeirantes. Dirigido por Roberto de Oliveira, o programa conseguia captar um Chico relaxado e à vontade, tendo como cenário das entrevistas a sua própria casa no Rio de Janeiro. Num dos raros momentos em que havia um cenário, Chico interpretava "Homenagem ao malandro" dentro de um velho carro dos anos de pós-guerra e em frente a uma gigantesca reprodução de uma nota de um dólar.

Quem ficou impactado com o resultado do especial televisivo de Chico Buarque foi Gilberto Gil. Em entrevista ao repórter Luis Cláudio Garrido, do *Correio da Bahia*, Gil definiu seu colega como um "grande criador, um gênio". E completou. "Chico é um cara da pesada, é legal, é sensível, é genial. E aí você não pode dizer menos do que ele é".

Porém, a crítica mais entusiasmada do especial de fim de ano de Chico Buarque seria feita por Nelson Motta em *O Globo*. Ocupando meia página, o texto já começava de forma exagerada, com o autor admitindo que a "utilização abundante, abusiva e abusada de superlativos é a demencial tentação diante do artista Chico Buarque" e, antes de chegar ao fim desse primeiro parágrafo, Nelson ainda ressaltava "o privilégio da contemporaneidade desse artista popular que concentra em si os atributos mais raros e fundamentais de uma trajetória que deixará marcada na história das alegrias e orgulhos do povo brasileiro – como uma tatuagem – a sua presença e sua arte".

Lembrando uma juventude em comum, Nelson recuperava ainda a convivência de ambos, aproximava-se de outros amigos e parceiros, como Edu Lobo, e encerrava o longo texto de maneira ainda mais elogiosa: "Como já foi dito, é como estar faminto de luz e se ver diante de um banquete de sol e estrelas em puro fogo e cristal, tantos foram os momentos em que o gênio de Chico Buarque se viu manifesto diante dos olhos atônitos e orgulhosos de todos os que o viram e ouviram suas palavras neste Natal de 1978".

Chico devia estar mesmo sentindo algo parecido ao que foi flagrado por Gilberto Gil e Nelson Motta, pois mostrava-se descontraído até para falar da abertura política e da censura, temas finais do especial. Com um Chico à vontade falando sobre o futuro do Brasil, "Apesar de você" encerrava o programa.

Serenidade semelhante à de Chico Buarque demonstrava o ministro Armando Falcão. Artífice da Lei Falcão, que se caracterizava pelas respostas que mais usava em suas entrevistas, "nada a declarar", o ministro à frente da pasta da Justiça limitou drasticamente o acesso dos políticos ao rádio e à televisão. A clara intenção de Falcão tinha um objetivo: evitar a vitória oposicionista nas eleições a partir de 1976 e nos pleitos seguintes. O ministro, que em poucos meses – em março de 1979 – deixaria o cargo, se despedia classificando a ação da Censura como "um simples cumprimento do dever". Falcão ainda admitia que a notícia que seguia sendo veiculada – a de que no novo governo, do general João Baptista Figueiredo, a Censura seria assumida pelo Ministério da Educação e teria como titular o ministro Eduardo Portela – dava-lhe a certeza de que "este notável homem público oferecerá uma solução", disse aos jornalistas em uma de suas últimas entrevistas.

A abertura começava a mostrar sua cara. Agonizante em seus últimos meses, o AI-5 teve sua morte anunciada em manchete pelo *Jornal do Brasil*. Na primeira página do dia 30 de dezembro de 1978, o diário estampava: "Geisel proclama o fim do ciclo autoritário". Num anúncio feito em cadeia de rádio e de televisão, 52 horas antes da extinção oficial, à meia-noite do último dia do ano, o presidente pedia ao povo equilíbrio e responsabilidade para que o país chegasse ao "término de todo um longo período autoritário de exceção". Na mensagem, Geisel fazia uma retrospectiva de seus quatro anos de governo, previa dificuldades para João Figueiredo, seu sucessor, e lembrava quase em tom de ameaça que a redução da tutela do Executivo tornava "cada cidadão mais responsável pelo futuro de toda a nação".

*

Sem esperar o que os novos tempos previstos pelos governistas poderiam significar, a classe artística mostraria sua força num descomunal encontro musical realizado no dia 30 de abril de 1979, no Riocentro, no Rio de Janeiro, pouco mais de um mês depois da posse de Figueiredo. Véspera da comemoração do Dia do Trabalhador, a data serviria de pretexto para um show reunindo alguns dos maiores nomes da música brasileira, entre eles Edu Lobo, Gal Costa, Ivan Lins, Milton Nascimento, Sérgio Ricardo, Gonzaguinha, Baden Powell, Paulinho da Viola, João Bosco, além de muitos outros. Sem se apresentar em palcos havia cinco anos (a última vez fora em dupla com Maria Bethânia na temporada de shows no Canecão), Chico seria um dos presentes. No espetáculo, além de cantar, ele acumulava as funções de organizador e roteirista.

A tarefa de Chico como responsável pelo roteiro seria facilitada pelo fato de, em comum acordo, todos os artistas terem decidido que eles mesmos se encarregariam da ordem de entrada e da apresentação de cada um que fosse chamado ao palco. "Escalo os músicos como se fossem jogadores de um time de futebol: este ataca, o goleiro segura as pontas, o outro defende", revelou Chico em depoimento à jornalista Maria Lucia Rangel um dia antes da apresentação. "Cada artista escolhe e canta duas músicas. Já estão todas escolhidas porque a Censura exige uma apresentação prévia", explicou Chico, ainda que torcesse pelo imponderável. "Achamos até que na hora nos deixarão improvisar alguma coisa."

A grandeza do espetáculo foi reconhecida. O crítico musical Tárik de Souza, em texto publicado no *Jornal do Brasil* dois dias antes da realização do show, saudava o caráter do evento que congregava "a maior parte dos artistas influentes em atuação na música popular brasileira". Para Tárik, a única nota dissonante era que, naquele tempo de encontros e soma de forças, a união geral parecia ser desmentida, na prática, pela ausência de uma entidade representativa dos músicos. "Com a desatenção da Ordem [dos Músicos do Brasil] e do Sindicato [dos Músicos do Estado do Rio de Janeiro]", dizia o jornalista, "o barco musical está à deriva." E, desanimado, concluía: "Esse talvez seja o motivo da exclusão da música popular nas recentes propostas de abertura e liberação da Censura. Como ensina aquela sábia marchinha carnavalesca, quem não chora não mama".

Quem andava chorando por aí era Jards Macalé. Animado pela mobilização artística, o músico, na mesma época, começou a se movimentar entre o Rio de Janeiro e os gabinetes ministeriais de Brasília para tentar conseguir a liberação do disco que registrou o espetáculo *Banquete dos mendigos*. Show coletivo idealizado e produzido em 1973 por Macalé e Xico Chaves, *Banquete dos mendigos* reunia Chico Buarque com Milton Nascimento, Luiz Melodia, Maria Bethânia, Dorival Caymmi, Vinicius de Moraes, Paulinho da Viola, Edu Lobo, Raul Seixas, Luiz Gonzaga Jr. e Jorge Mautner. Como ponto alto do encontro, as apresentações eram pontuadas pela leitura da Declaração dos Direitos do Homem feita pelo poeta Ivan Junqueira, então assessor de imprensa da Organização das Nações Unidas no Rio de Janeiro. O espetáculo, assistido por cerca de 3 mil pessoas que se aglomeraram no Museu de Arte Moderna, em dezembro daquele ano, ocorreu sem incidentes e teve quase a totalidade das apresentações registradas com a intenção de que fosse lançado um álbum duplo pela gravadora RCA. O projeto seria proibido pela Censura, e o disco só chegaria às lojas quase uma década depois.

O período estava sendo marcado por campanhas, mobilizações populares e pressões externas e internas que seriam bem-sucedidas já nos primeiros meses do novo governo, empossado em março de 1979: a Lei da Anistia (denominação popular dada à lei 6.683) seria promulgada por João Figueiredo em 28 de agosto daquele ano. Não era a lei ideal, ampla, geral e irrestrita, como preconizavam os gritos emitidos nas ruas. Era a lei possível, dentro de um acordo que assegurava maiores liberdades democráticas.

Aparentemente, o principal estava garantido: o retorno dos exilados ao Brasil. Ao som de "O bêbado e a equilibrista", grande sucesso da dupla João Bosco e Aldir Blanc na voz de Elis Regina, o país era tomado por um clima de euforia. A canção que falava "na volta do irmão do Henfil..." transformara-se no hino informal da anistia e acolhia todos os que retornavam.

O primeiro desembarque ocorreu apenas três dias depois da assinatura da lei, com a chegada no então Aeroporto Internacional do Galeão, no Rio, de Dulce Maia, a primeira pessoa banida do país. No dia seguinte seria a vez do jornalista Fernando Gabeira. Uma semana depois, Leonel Brizola viajaria de Foz do Iguaçu a São Borja para voltar ao Brasil pelo seu estado, o Rio Grande do Sul. Na sequência, chegariam

Miguel Arraes, ex-governador cassado de Pernambuco, e o ex-deputado federal Márcio Moreira Alves. O ex-deputado desembarcou um dia antes de Herbert de Souza, o Betinho, sociólogo e o já famoso "irmão do Henfil". Por fim, em outubro, voltariam ao Brasil o ex-líder estudantil Vladimir Palmeira, o líder comunista Luís Carlos Prestes e o dirigente das Ligas Camponesas Francisco Julião. Todos se integrariam à vida nacional, retomando suas atividades políticas, militando nos novos partidos que começavam a surgir com a implantação do pluripartidarismo e divulgando suas ideias e opiniões.

A movimentação comunitária de representantes da música popular em proporções nunca vistas, portanto, estava em consonância com o momento coletivo. Além da anistia para exilados políticos, os temas tratados eram variados, incluindo abertura política e combate à censura. Porém, o inimigo era comum: o governo militar. Era o mesmo governo militar que, uma década e meia depois de ter assumido o poder, ainda demonstrava, em meados de 1979, um apetite persecutório – como ficou claro pela declaração do diretor-geral do Departamento de Polícia Federal, o coronel Moacir Coelho. Naqueles dias, Coelho informava que o órgão, a partir daquele momento, iria substituir as Forças Armadas na repressão aos crimes contra a ordem política e social. Coelho, na ocasião, também defendia a desvinculação da censura da polícia, insistindo na criação de um Conselho Superior de Censura.

Chico reagiu à proposta de imediato. "A arte brasileira não pode viver debaixo do tacão da Lei de Segurança Nacional. O artista brasileiro também não tem nada a ver com a moral e os bons costumes dos agentes policiais. Nós não somos vagabundos." Esse era o teor do depoimento feito por escrito em agosto de 1979 pelo compositor e encaminhado, através do escritor Arthur José Poerner, ao Simpósio de Censura, realizado na Câmara dos Deputados. Impossibilitado de comparecer ao encontro promovido pela Comissão de Comunicação por causa de uma intoxicação alimentar, Chico fez questão de se manifestar, inclusive apresentando o que considerava ser a solução para o problema: "Basta restituir ao povo o direito de julgar o que lhe serve ou o que não lhe serve em matéria de cultura popular".

Com essa fala incisiva e decidida, Chico fechava a década em que viveu a sua fase profissional mais prolífica e criativa – e também aquela em que mais foi perseguido.

6
Luz, quero luz

Chico Buarque adentraria a nova década ainda carregando um fardo imposto pela censura à sua produção artística do ano anterior. *Ópera do malandro* – disco com lançamento previsto para 1980 – teria problemas com a Censura. Além de ter sido um trabalho grandioso e que reunia grandes nomes da MPB (Marlene, MPB4, A Cor do Som, Moreira da Silva, João Nogueira e muitos outros), o LP foi ainda revolucionário por mostrar que a ação dos censores podia se revelar das mais diferentes formas. Se a peça conseguiu estrear dentro de relativa tranquilidade (com as tradicionais idas e vindas entre os artistas e os censores e com alguns cortes específicos), o disco com a trilha sonora iria novamente trazer Chico Buarque para o centro do debate sobre a censura. O caso mais simbólico seria o que envolveria a música "Geni e o zepelim".

Letra gigantesca – no tamanho e na grandeza poética –, "Geni e o zepelim" era uma das poucas canções do disco interpretada apenas pelo autor, sem dividir os vocais com nenhum outro artista. Inspirada em "Pirate Jenny", composição presente na *Ópera dos três vinténs* e que fala de uma personagem, a Jenny, que sonha com a chegada de um navio pirata com 50 canhões que vai destruir toda a cidade (e levá-la embora), "Geni e o zepelim" descreve a triste sina da prostituta Geni. Hostilizada pelos moradores na cidade, ela, no relato de Chico, tem seu destino alterado ao despertar a atenção de um poderoso homem que, no comando de um zepelim, ameaçava destruir a cidade e aniquilar sua população. Porém, ao tomarem conhecimento do interesse do comandante, muitos habitantes (o prefeito, o bispo, o banqueiro...) que antes desprezavam Geni passaram a bajulá-la de maneira exagerada. A personagem sucumbe aos apelos dos conterrâneos e se entrega ao forasteiro, a cidade é salva, mas, assim que o local volta à normalidade, Geni é mais uma vez escorraçada e humilhada.

Além da temática que explora o caráter falso-moralista e hipócrita de uma sociedade (qualquer sociedade), "Geni e o zepelim" é ainda mais genial por ser uma longa reportagem construída em versos heptassílabos metrificados e rimados. Mas o que causou revolta na Censura foi o apoteótico final da letra em que é narrado o catártico comportamento da população contra a meretriz traduzido em palavras de ordem como "Joga pedra na Geni/ Joga bosta [ou merda, num segundo verso] na Geni/ Ela é feita para apanhar/ Ela é boa de cuspir/ Ela dá para qualquer um/ Maldita Geni!".

Bosta (ou *merda*) em teatro é uma coisa – às vezes até sinônimo de boa sorte. Porém, a expressão, quando transportada para um veículo de maior alcance, como um disco de música popular, ganha uma outra dimensão. A explicação, talvez, resida no fato de o teatro se realizar num ambiente mais elitista, em que o espectador manifesta interesse em ver o espetáculo e para isso paga ingresso. Logo, esse público tem um perfil diferente daquele que ouve a música casualmente pelos aparelhos de rádio. Era esse tipo de plateia, mais simples e popular, que o governo queria evitar que fosse atingido com essas palavras de baixo calão.

Petrônio Portella, ministro da Justiça do novo governo, substituindo Armando Falcão, foi um dos que mais se irritou com a música. Dessa maneira, ele cobrou de seus subordinados uma explicação. A causa imediata foi a necessidade de José Vieira Madeira, diretor da Censura, ter que se explicar ao ministro, alegando que havia se equivocado ao liberar a música para a peça teatral sem atentar para o fato de que, na sequência, ela entraria no repertório do disco. A consequência seguinte foi a decisão do ministério, publicada de imediato no *Diário Oficial*, de a partir daquele momento centralizar em Brasília o exame das letras musicais. Na visão de Madeira, a decisão tratava-se de "um imperativo de maior controle, segurança e rapidez das informações indispensáveis às decisões censórias".

Apesar da ação rápida e punitiva do governo, a música foi mantida no álbum, e o disco não foi recolhido das lojas – apenas a veiculação pública foi proibida. "Geni e o zepelim" teria tal relevância no futuro que o refrão "Joga pedra na Geni" se transformaria num forte bordão, sinônimo de comportamentos ou conceitos que deveriam sofrer execração pública.

Entre os retrógrados protestos contra a música e de apoio à censura, nenhum superou o da Rádio Vanguarda FM, de Varginha, em Minas Gerais, que em dezembro de 1979, antes mesmo da proibição, já havia retirado a canção de sua programação. O veto surgia, segundo texto divulgado pelos proprietários, "consoante com os arraigados princípios morais e com a grande religiosidade conservadora da cidade", orgulhava-se a emissora.

Porém, em meio a tantas polêmicas, a boa notícia que Chico receberia ainda no primeiro mês desse novo ano de 1980 seria a liberação da peça *Calabar*, proibida desde 1973.

A decisão, formalizada no dia 24 de janeiro, seria a primeira tomada pelo novo ministro da Justiça, Ibrahim Abi-Ackel. Seu antecessor, Petrônio Portella, havia morrido 18 dias antes, vítima de um enfarte fulminante. A liberação da peça pelo Conselho Superior de Censura trazia um detalhe curioso: a proibição jamais havia sido formalizada pela Divisão de Censura da Polícia Federal.

Calabar, em sua nova versão, teria sua estreia prevista para o dia 1º de maio, em São Paulo. Tudo havia mudado nos sete anos que separavam os primeiros ensaios de *Calabar* e a chegada da peça aos palcos: a cidade era outra, bem como o teatro, os produtores, os atores (agora Othon Bastos, Sérgio Mamberti, Tânia Alves, Renato Borghi e Martha Overbeck estavam à frente do elenco) e grande parte da equipe técnica. Rara exceção era o diretor, Fernando Peixoto, que se mantinha no comando da montagem que seria apresentada no Theatro São Pedro, em São Paulo. "Do ponto de vista da dramaturgia, tentou-se tornar mais claro o desenvolvimento do conflito, sobretudo através do esclarecimento de certas metáforas que eram necessárias na época", explicou Fernando Peixoto em entrevista ao *Jornal do Brasil* sobre as diferenças entre a *Calabar* de 1973 e a *Calabar* de 1980. "Não se trata, então, de decidir se Calabar foi ou não traidor, mas de discutir a relatividade dos conceitos que podem servir de base a tais acusações", assinalava o diretor.

Chico estava distante quando *Calabar* estreou em São Paulo. Naquele momento, o compositor integrava uma caravana de 63 pessoas – aí incluídos Hermeto Pascoal, João Nogueira, Dorival Caymmi, Francis Hime, João do Vale e Martinho da Vila – que iria se apresentar em Angola a convite da União Nacional dos Trabalhadores Angolanos (UNITA).

Também quase no mesmo período, em abril de 1980, seriam liberadas as peças *Barrela* e *Abajur lilás*, ambas de Plínio Marcos. A decisão fazia parte de um pacote de medidas idealizadas mais de um ano antes pelo então ministro Petrônio Portella. Em audiência concedida ao ator Jece Valadão e ao produtor Luiz Carlos Barreto, Portella prometera começar uma abertura na censura, principalmente com relação aos trabalhos teatrais.

A liberação – como a abertura política – era lenta e gradual. Dessa forma, os espetáculos chegariam aos palcos, porém os produtores não estavam dispensados de apresentarem um ensaio geral para efeito de classificação etária. Comemorada por muitos, a decisão foi criticada pelo principal beneficiado. Plínio Marcos, o mais censurado entre os autores teatrais brasileiros daquele período, considerou o gesto do Conselho de Censura "generoso", mas garantiu que a nova medida não lhe dava nenhuma segurança, até porque "a Lei de Segurança Nacional continua por aí".

Naquele primeiro semestre de 1980, Chico voltava a se envolver com a montagem de um espetáculo coletivo. A exemplo do que havia feito no ano anterior, o compositor convocava seus colegas para um grande show cuja renda seria destinada às entidades sindicais. Além dos nomes nacionais, o artista usara seu prestígio e conseguira convidar duas atrações internacionais: o músico português Zeca Afonso, autor de "Grândola, Vila Morena", a canção-senha da Revolução Portuguesa de abril de 1974, e a cantora argentina Mercedes Sosa, um dos símbolos da resistência política e cultural no país vizinho.

Outubro de 1980 foi um mês agitado para Chico Buarque. Primeiro, duas estreias estavam previstas: a da irmã, Miúcha, em um show-solo, e a da mulher, Marieta, na peça

No Natal a gente vem te buscar. Outras novidades eram duas peças com músicas de sua autoria, *Geni*, de Marilena Ansaldi, em São Paulo, e *O último dos nukupirus*, comédia em clima de teatro de revista de Ziraldo e Gugu Olimecha, para a qual Chico faria duas músicas. Ainda no mesmo mês entraria em cartaz o filme *Certas palavras com Chico Buarque*, documentário dirigido pelo argentino radicado no Rio Mauricio Beru. E, em meio a tantos compromissos, Chico finalizava "Eu te amo", composição em que voltava a dividir uma parceria com Tom Jobim depois de muitos anos.

A fase era tão produtiva e intensa que a censura acabava ficando em segundo plano. Verdade que, ainda que menos presente, a censura permanecia, assombrando ("com mais boa vontade", como classificava o próprio Chico, ainda que ressalvasse que "os instrumentos estão lá, nas mãos das mesmas pessoas").

Chico sabia do que estava falando. Lembrando em entrevista ao *Jornal do Brasil* que novas manifestações, como atentados terroristas, se faziam notar, ele também destacava o papel de uma "opinião pública minoritária que se manifesta em cartas aos jornais para preencher o papel da censura". Chico contava: "A peça *Geni* tem muito a ver com esse moralismo, e a Marilena captou esse aspecto muito bem". Logo adiante, meio desalentado, ele concluía: "O que eu ouvi por causa da música 'Geni' foi impressionante: desaforos, insultos. Fiquei profundamente identificado com as personagens. As pessoas que jogavam pedra na Geni eram as mesmas que reclamavam dela e de mim, que nos agrediam de uma forma incalculável".

O músico via a nova fase da censura com desconfiança. Para ele, paradoxalmente, os tempos de abertura deixaram a censura menos clara. "Há nuances entre o branco e o preto", definia o compositor. Chico notava que não havia mais espaço para o maniqueísmo e que era preciso cada vez mais pensar em cada palavra, cada gesto. Ele via a profusão de shows coletivos e beneficentes como um reflexo desses novos tempos. A vida deveria começar a ficar mais solidária. "Não há muito o que discutir. Está todo mundo unido contra a fera." Em sua análise, Chico percebia até mesmo a mudança da imprensa com relação a ele. "Ela [a imprensa] não é mais como durante o tempo em que fui uma das bandeiras contra a censura. Era simpático, sem dúvida, todo mundo estava a meu favor – só o pessoal das bombas estava contra", recordava o compositor em entrevista concedida à repórter Susana Schild. E lamentava: "Nesses anos, percebia que as entrevistas saíam melhor do que eu tinha falado, a minha foto era retocada, eu parecia mais brilhante, articulado e descontraído. Hoje percebo uma manipulação que eu não sentia. É como se pinçassem os defeitos para destacá-los, escolhessem a pior foto, no lugar do retoque".

A abertura em relação à arte e à cultura, frisava Chico, era real, mas, ao mesmo tempo, trazia embutida em si um aspecto mais sinuoso e perigoso. De forma paradoxal, o compositor dizia se sentir mais protegido anteriormente, pois com os novos tempos precisava ficar atento a um número maior de adversários. "É impossível fazer um bom trabalho de criação tendo que acompanhar quem é o ministro da Justiça ou o do Exército. Não posso trabalhar pensando neles. No meu estúdio, preciso de sossego."

Dois símbolos daqueles anos agitados – o jornalista Fernando Gabeira, recém retornado do exílio, e o cineasta Glauber Rocha – foram elogiados na mesma entrevista por Chico, que os definiu como os atuais representantes de uma função que ele, Chico, desempenhara por muitos anos. "Eles estão cumprindo um papel que eu não tenho mais, e nem gostaria de ter. Um papel que não me pertence, assim como também não pertenço nem sou candidato do PT, do PMDB, do PCB, do PCdoB ou do MR-8." E avaliava: "Humildemente, reconheço que nesse aspecto nada tenho a declarar. Felizmente, não tenho mais esse papel, que representei muito bem durante muito tempo".

Em uma das entrevistas mais reveladoras que já havia concedido, Chico, então com 36 anos, sentiu-se à vontade até para falar de um assunto difícil como a morte. O tema entrou na conversa pela saudade de Vinicius de Moraes, que havia morrido apenas três meses antes, aos 67 anos. A repórter perguntou se já havia conversado sobre isso com Tom Jobim, amigo tanto de Vinicius quanto do próprio Chico. "O Tom é bom de conversa nesses assuntos", reconheceu Chico, para em seguida emendar, refletindo sobre o próprio caso. "O estranho, afinal, não é alguém pensar na morte aos 36 anos, mas não ter pensado nela antes. Antes eu pensava que era eterno, imortal."

*

Mais adiante, em entrevista ao programa *Canal Livre*, da Rede Bandeirantes, Chico continuaria se revelando, numa fase de escancaramento da vida artística e pessoal. Exausto por ter jogado futebol à tarde, ele chegou aos estúdios, na noite de 30 de outubro, com quase meia hora de atraso – o que não foi de todo mau, já que alguns problemas técnicos haviam retardado a gravação.

Comandado pelo jornalista Roberto D'Ávila, *Canal Livre* era um programa em que uma personalidade concedia uma entrevista coletiva a outras personalidades. No caso de Chico, a bancada de entrevistadores era ampla e diversificada, reunindo desde os jornalistas Tárik de Souza e Zuenir Ventura até a cantora Olivia Byington, o cineasta Mauricio Beru, a relações públicas Ana Maria Tornaghi e o sambista Moreira da Silva, a quem coube abrir a entrevista perguntando se Chico era de Vila Isabel. "Não", respondeu o compositor. Moreira insistiu: "E por que você, não sendo da terra de Noel Rosa, é tão bom compositor?". Chico aí lembrou que nascera em Copacabana, fora criado em São Paulo, mas que sempre tivera um forte vínculo com a Zona Norte do Rio. Morengueira, como era conhecido o velho sambista Moreira da Silva, então mandou mais uma: "E você para ser o compositor que é, no fundo, você tem crioulo na família?". "Tenho crioulo no sangue musicalmente. Claro que não sou branco. E a música brasileira é a música crioula."

Na sequência, Tárik de Souza enveredou pelo vínculo de Chico com sambistas da antiga, como Ismael Silva, e perguntou se isso seria um contrassenso para ele, um músico que surgiu influenciado pela bossa nova de Tom Jobim e de João Gilberto, mas sempre homenageou os sambistas da velha guarda. Chico respondeu fazendo questão de frisar que sua escolha não tinha nada de incoerente: "'Chega de saudade', quando surgiu, rompia com o samba antigo, mas eu acho que em qualquer revolução que se faça deve haver uma retomada e uma reciclagem de valores que não são necessariamente obsoletos".

Em outra linha, Olivia Byington perguntou sobre o talento do músico para expressar o sentimento feminino, notando ser difícil para um homem conhecer uma mulher tão bem a ponto de saber falar por ela. Chico explicou-se lembrando que essa competência surgiu a partir da necessidade que ele teve de criar uma personagem feminina a partir de um pedido feito por Nara Leão, ainda nos anos 1960. "Ela queria que eu compusesse algo que tivesse como inspiração a mulher caseira, que espera o marido. Assim, fiz 'Com açúcar, com afeto'", explicou Chico, completando: "Aliás, na época, eu lembro que, na contracapa do disco que gravei, escrevi que eu não cantei por motivos óbvios". E finalizou: "Vão pensar que eu sou bicha!".

Pegando a questão da homossexualidade como gancho, Zuenir Ventura traçou um paralelo entre o compositor e o jornalista Fernando Gabeira, perguntando a Chico como ele via o bissexualismo. Chico respondeu: "Ser bissexual não é uma preocupação minha. Não sou bissexual talvez por uma preferência física ou orgânica. Eu gosto de mulher. Talvez amanhã eu goste de um homem, vamos dizer assim, mas eu não acredito!", para logo em seguida desconversar e jogar a bola para o sambista: "Quem entende bem disso é o Moreira da Silva!".

Em outro questionamento, Chico lembrou o seu retorno ao Brasil depois do exílio que se impôs indo morar na Itália e o espanto (e a revolta) que lhe causou ver tantos adesivos como "Brasil: ame ou deixe-o" ou até mesmo com "Brasil: ame ou morra". "Cheguei a ver isso. Foi uma violência muito grande", lembrou o compositor, contando que foi morar em Roma por conta própria, em dezembro de 1968, pois estava vivendo num sistema quase que de prisão domiciliar, em que para viajar para qualquer lugar era preciso avisar aos militares. "Assim, em janeiro de 1969, eu embarquei para Cannes, onde ia participar do Midem [Marché International du Disque et de l'Édition Musicale, maior encontro mundial de empresas ligadas à música organizado anualmente desde 1967], com a intenção de voltar." Mas confessou que teve medo: "Como recebi recados ameaçadores, fui ficando pela Europa".

O restante da entrevista foi tomado por assuntos gerais, com o compositor falando sobre sua relação com uma emissora de televisão – sem citar nomes, mas ficando claro que era a Rede Globo – que tem "como filosofia a ideia de que dinheiro compra tudo e que, se fulano topa, o preço é tal. E comigo o preço tal não existe". Chico falou ainda que se sentia velho, com angústia, com crise existencial e, como já havia admitido, a morte era um pensamento cada vez mais constante, embora ressalvasse ainda não ter sequer atravessado a crise dos 40. O compositor – quase toda a vida morador do Rio – também falou sobre sua relação com a capital paulista: "Eu gosto muito de São Paulo, mas não moraria em São Paulo por nada desse mundo".

Momentos mais musicais ganhariam destaque quando Chico começou a falar sobre sua admiração pela bossa nova em geral e por João Gilberto, de maneira específica, no que foi atropelado por Moreira da Silva, que disse sobre o intérprete: "Eu não posso admitir que aquele moço é um cantor".

Tárik ainda perguntaria a Chico se existia um compositor que fazia a sua cabeça e se ele se achava – "sem qualquer cabotinismo", frisou o crítico musical – "o maior compositor brasileiro". Chico respondeu: "Não, eu não me acho". E completou contando que, poucos dias antes, havia falado para Dedé, então mulher de Caetano, que "cada vez que ele, Caetano, faz uma música, ele me provoca, me estimula".

A entrevista teria transcorrido dessa forma morna e descontraída não fosse por um trecho em que, também com Tárik, Chico se envolveu numa rápida polêmica. Ao comparar a aceitação que duas de suas músicas – "Eu te amo" e "Morena de Angola" – tiveram pela crítica, Chico não gostou de ver a segunda sendo tratada como uma apelação, uma composição que estaria aquém do talento dele. "Não sei fazer essa distinção", disse. "Os críticos fazem muito essa distinção." E acrescentou: "E os censores também fazem".

Tárik não gostou da injusta comparação e interpelou o compositor: "Mas há uma diferença: os censores têm instrumentos de censura, e os críticos estão apenas dando uma opinião, da qual inclusive é possível discordar". "Mas às vezes os censores magoam tanto quanto os críticos", rebateu Chico. "Ah, bom, a mágoa é a diferença. Mas acho que uma comparação dessas pode magoar os críticos da mesma maneira", completou Tárik. "Mas eu não quis te magoar", desculpou-se o compositor, tentando desanuviar o clima. Mas Tárik insistiu mais uma vez: "A comparação com a censura é um pouco forte, não é, Chico?". O compositor então argumentou: "Você acha?", para em seguida citar um exemplo recente. "Eu vi uma pessoa magoadíssima com a crítica, que foi o Vinicius de Moraes", contou Chico, lembrando o poeta falecido meses antes. "E agora vejo disparatados elogios da crítica à *Arca de Noé* como sendo uma obra-prima." Ou seja, para Chico, a crítica agia com Vinicius na linha de que "artista é que nem índio: artista bom é artista morto". E concluiu: "A maioria da crítica fere as pessoas". Complementando o que havia dito, Chico finalizou: "Eu falo tranquilamente porque eu nem sou um dos mais perseguidos". Roberto D'Ávila, então, questionou: "O Tom tem mágoa?", fazendo uma referência a Tom Jobim, ao que Chico respondeu: "Sim, o Tom tem".

A discussão no programa acabaria com Chico fazendo um acréscimo: "Muita gente vai a um espetáculo pela crítica. Então, a crítica domina, sim. Vocês estão subestimando a força da imprensa". E encerrou sua argumentação com uma ressalva. "O Roberto Carlos não precisa de crítica. Qualquer jornalista pode escrever uma página na capa do Caderno B falando mal que ainda assim o show vai estar cheio."

A entrevista se encaminharia para o final e também para um tom mais ameno, com todos os participantes encerrando o programa, a convite de D'Ávila, elogiando a postura do cantor durante o encontro, e a totalidade da bancada de entrevistadores rasgando seda nos comentários finais. O tímido Chico agradeceria também a todos os presentes e, confirmando sua fama, admitiria ter gostado da entrevista, mas que não pretendia ver a gravação quando fosse ao ar.

Aparentemente o programa, e qualquer polêmica, havia chegado ao fim.

Não foi o que aconteceu. Dois dias depois de o programa ser veiculado, Chico voltaria a estar no meio de uma discussão, agora como protagonista de um texto de meia página publicado no *Jornal do Brasil* com o agressivo título "Até Chico Buarque quer ser censor".

Assinado pelo jornalista Paulo Maia, o artigo começava lembrando que Chico era "um dos mais importantes compositores da música popular brasileira e uma das maiores vítimas da arbitrariedade policial" e que teve "suas músicas constantemente interditadas". Maia, porém, argumenta que, nem por isso, Chico teria o direito de declarar para o Brasil inteiro que "a imprensa, ao criticar um artista, cumpre papel semelhante ao da censura".

Atacando as posturas tanto do entrevistado quanto dos entrevistadores e classificando a entrevista de Chico ao *Canal Livre* como "profundamente infeliz", Maia seguia o ataque ao músico destacando que ele, Chico, "não se baseava sequer em dados concretos para apoiar seu raciocínio". O articulista também não perdoou a cantora Olivia Byington, que sustentou a fala de Chico quando ele disse que "o Caderno B é capaz de interditar um espetáculo". Segundo Maia, Olivia "não é tão competente" para se manifestar. Na sequência, o jornalista disparou também contra seus colegas, Tárik – "manifestou-se de forma tímida" – e Zuenir – "que não foi suficientemente convicto ao discordar, talvez por excessivo respeito ao grande compositor".

Sem discussão maior, a polêmica seguiria, de forma incipiente, por mais alguns dias na seção de cartas do jornal, com leitores se posicionando ora a favor de Chico, ora de Maia. Rara exceção seria a reportagem publicada em *O Globo*, "A função da crítica. Resposta a Chico Buarque". Mais ampla e objetiva, a reportagem não assinada publicada em 5 de novembro de 1980, ouviu cinco profissionais – Sérgio Cabral [também escritor e produtor musical, pai do futuro governador fluminense de mesmo nome], Nelson Motta, Ana Maria Bahiana, Joaquim Ferreira dos Santos e o próprio Tárik, pivô da discussão – e deu voz aos críticos para que eles dissessem o que pensavam e, se fosse o caso, respondessem a Chico. Num estilo apaziguador, Nelson Motta, por exemplo, traçou as diferenças entre a crítica de espetáculos e a de discos. "A primeira eu não faço porque acho impossível; num show, o artista pode estar bom num dia e péssimo no outro. Já a crítica do disco é mais justa." Nelson Motta também revelava uma peculiaridade de sua função: "Escolho o assunto e só escrevo sobre o que gosto. Meu espaço é precioso demais para falar mal de alguém".

Já Joaquim Ferreira dos Santos, da revista *Veja*, elevou o tom e lembrou que "censor não tem opinião, tem um carimbo escrito *vetado*", alfinetando o compositor ao dizer que Chico parecia ter saudade de quando assinava como Julinho da Adelaide. "Tempos sombrios em que a imprensa também foi fustigada e desenvolveu expedientes dramaticamente semelhantes para viver." Numa linha parecida, Ana Maria Bahiana manifestou apoio a Paulo Maia e considerou a comparação feita por Chico como "muito rasa". "Toda pessoa que cria é feita de uma substância que inclui muito de vaidade, e isso a leva a achar que o que tem a dizer para o mundo é importante."

Sérgio Cabral disse que o que Chico fez com Tárik – "um sujeito decente, honesto, conhecedor de música" – foi uma indelicadeza, ressaltando o fato de que Chico poderia ter ficado chateado com dois ou três críticos, mas que isso não lhe dava o direito de "cair no perigoso terreno da generalização". Sérgio Cabral inclusive trouxe a comparação para o artista mais execrado no Brasil à época, Wilson Simonal, que anos depois até seria parcialmente recuperado. Para Cabral, "há bons e maus críticos, há o crítico mau caráter, como há o cantor mau caráter. O que me autoriza, por exemplo, a tomar Simonal como padrão e concluir que todo cantor é dedo-duro". Cabral fazia referência à fama adquirida pelo cantor por ter se autodeclarado amigo de pessoas próximas ao governo militar.

Coube a Tárik contemporizar, destacando a função social desempenhada pela crítica e recordando que, durante muito tempo, críticos e artistas estiveram lado a lado no combate à censura.

Ao que se sabe, Chico nunca respondeu ao artigo, tampouco se mostrou interessado em polemizar com os demais críticos. Deu o assunto por encerrado.

Os dias seguintes de Chico Buarque seriam menos polêmicos – mas não menos agitados.

*

A imortalidade artística havia anos já estava garantida. Agora, de maneira mais prática, outra novidade na carreira musical de Chico Buarque se apresentaria: a assinatura de um contrato fonográfico que mexeria não apenas com sua vida financeira, mas também com o mercado da música brasileira. Depois de anos a serviço da PolyGram (a antiga Philips), o artista deixaria a gravadora para ser contratado pela Ariola.

A Ariola Discos Fonográficos e Fitas Magnéticas Ltda. surgiu no Brasil em 1980, fundada pelo produtor Marco Mazzola a partir da multinacional original de matriz alemã. Era a aposta audaciosa de uma empresa que tinha a pretensão de agitar o quinto maior mercado de discos do planeta. Até então, os discos da Ariola-Eurodisc (nome original alemão) eram lançados no Brasil pela RCA Victor, sendo sua produção vinculada à fábrica da RCA Eletrônica em São Paulo. Além do selo principal, a Ariola distribuía as marcas Arista, MCA e Island, fundada pelo produtor Chris Blackwell. Por esse motivo, a grande atração da chegada da marca ao Brasil foi o jamaicano Bob Marley, maior nome mundial do reggae.

A festa de lançamento, realizada em março de 1980 na casa noturna Noites Cariocas, no alto do Morro da Urca, no Rio, congestionou o bondinho de personalidades musicais. Num canto, Marley – sem beliscar nada na boca-livre, já que muitos dos petiscos levavam carne e o rastafarianismo que ele seguia determinava total vegetarianismo – conversava animadamente com o craque Paulo César Caju, demonstrando muito mais interesse em futebol do que em música. Um dia antes, os dois haviam jogado no mesmo time em uma partida realizada no campinho de Chico Buarque, na Barra da Tijuca. O time deles vencera, e Marley fizera um gol.

Com escritórios espalhados pelo mundo – e um elenco internacional com nomes como Cat Stevens, Elton John, Dionne Warwick, Joan Manuel Serrat e Barry Manilow –, a empresa sacudiu a indústria fonográfica brasileira, buscando artistas e oferecendo contratos atraentes. Apenas no primeiro ano, a Ariola emplacou discos de sucesso como os de Kleiton e Kledir (*Kleiton e Kledir*), Alceu Valença (*Coração bobo*), Cristina Buarque (*Vejo amanhecer*), Toquinho & Vinícius (*Um pouco de ilusão*), MPB4 (*Vira virou*), Carlinhos Vergueiro (*De copo na mão*), Milton Nascimento (*Sentinela*), Moraes Moreira (*Bazar brasileiro*) e Marina Lima (*Olhos felizes*). Nada se comparava, porém, com a contratação do maior nome de todos: Chico Buarque.

Artista de exceção num mercado que beirava a recessão, por causa da crise econômica do país, Chico, segundo a imprensa, teria sido seduzido a trocar de selo por um contrato que – especulava-se na época – girava em torno de 40 milhões de cruzeiros, o equivalente aproximado a um milhão de dólares (mesmo valor que Frank Sinatra havia recebido para cantar no Maracanã naquele mesmo ano de 1980). Nelson Motta em sua coluna em *O Globo* até apostava que o valor fosse maior, algo em torno de 44 milhões de cruzeiros, exatamente o dobro que Milton Nascimento havia recebido para trocar a EMI-Odeon também pela Ariola. Por esse motivo, Chico era o nome mais aguardado na festa no Morro da Urca. E ele não decepcionou. Acompanhado da mulher, Marieta, e do advogado Toninho Moraes – responsável por toda a negociação que resultou no milionário contrato –, Chico chegou ao local pouco depois da meia-noite. Até a entrada do artista, os executivos da gravadora não tinham certeza de sua presença pelo fato de que, embora já assinado, o contrato só entraria em vigor depois de um certo tempo, quando se encerrasse de forma definitiva seu vínculo com a PolyGram.

Assim, havia um último compromisso assumido pelo músico com a PolyGram: a entrega de um novo disco antes que acabasse o ano. Por ser um trabalho de transição, num ano marcado por tantas mudanças, o compositor foi obrigado a fazer uma operação de rescaldo. Para montar o repertório, Chico recolheu canções que já haviam sido fornecidas a outros intérpretes. Das doze faixas de *Vida* (o nome que o álbum ganharia, com a capa tendo um desenho do rosto do músico feito por Elifas Andreato), sete estavam nessa situação, casos de "Mar e lua" (antes gravada por Simone), "Bastidores" (por Cauby Peixoto), "Fantasia" (pelo MPB4), "De todas as maneiras" (por Maria Bethânia), "Morena de Angola" (por Clara Nunes), "Não sonho mais" (por Elba Ramalho) e "Bye bye Brasil", que o próprio Chico havia registrado anteriormente num compacto simples. Inéditas eram a faixa-título (em que o compositor cantava "Luz, quero luz", parafraseando as que teriam sido as últimas palavras do escritor alemão Johann Wolfgang von Goethe), o samba rasgado "Deixa a menina", o samba em estilo joãogilbertiano "Já passou", mais "Qualquer canção" e "Eu te amo", esta última uma parceria com Tom Jobim que fazia parte da trilha sonora do filme homônimo de Arnaldo Jabor.

A disputa entre as duas gravadoras fez com que *Vida* saísse com uma tiragem menor, vendendo "apenas" 260 mil cópias, resultado bem inferior aos números alcançados por *Meus caros amigos*, que superou a marca de 700 mil exemplares vendidos. A separação litigiosa afetou ainda a produção musical de Chico, como revelou ele em entrevista à repórter Susana Schild no *Jornal do Brasil*. Na conversa, o compositor lembrava que, ao entrar em um estúdio para gravar um disco, somente menos da metade do repertório já estava definido. "O restante é o estímulo da própria situação." E concluiu: "Dessa maneira, eu sou menos instigado a compor".

Essa havia sido a parte calma daquele início de década: 1981 reservaria trabalhos (e surpresas) ainda maiores.

7
Quem é essa mulher?

O novo ano começaria para Chico Buarque de maneira amena e inovadora. Pela primeira vez na vida ele desempenharia o papel de produtor num disco.

Atendendo a um pedido do compositor e cantor João do Vale, Chico estrearia numa nova função: a produção de um LP que marcaria o retorno do músico ao mercado fonográfico. Longe do grande público havia uma década e meia, João do Vale – nascido em Pedreira, no Maranhão, e na época com 46 anos – vivia então uma espécie de renascimento artístico. Depois de ter sido um dos destaques do show *Opinião*, em meados dos anos 1960, João do Vale aparentemente submergiu para só voltar aos palcos já naquela época, apresentando-se na Sala Funarte, no Rio de Janeiro, ao lado do jovem compositor Adler São Luis e também como uma das atrações da casa de show Forró Forrado, no Catete, no Rio.

O show *Opinião* estreou com sucesso instantâneo em 1964, no Teatro do Shopping Center da rua Siqueira Campos, no Rio, sendo levado depois para São Paulo, com igual sucesso. No elenco, Nara Leão (mais tarde substituída por Maria Bethânia) e Zé Kéti. O roteiro era de Armando Costa, Paulo Pontes e Oduvaldo Vianna Filho (responsável por convidar João do Vale para o espetáculo). A direção-geral era de Augusto Boal. João do Vale então era, segundo ele mesmo garantia, autor de mais de 400 composições – "foi quando parei de contar", revelava –, algumas de grande sucesso, como "Peba na pimenta", "Pisa na fulô", "Na asa do vento" e, principalmente, "Carcará", imortalizada na voz de Maria Bethânia. De Chico Buarque, João do Vale era próximo desde a década de 1960, um tempo em que um grupo de universitários de São Paulo – Chico entre eles – se reuniam no Bar Quitanda, local onde João do Vale costumava bater ponto para beber algo antes de ir se apresentar no *Opinião*.

Naquele 1981, quase vinte anos depois do *Opinião*, João do Vale voltava a ter um protagonismo artístico. O pedido a Chico havia sido feito durante uma recente viagem a Angola. Convite aceito, a produção da gravação transcorreu sem problemas, João do Vale ficou feliz e se sentiu homenageado. O disco foi lançado reunindo um elenco estelar arregimentado por Chico: Tom Jobim (em "Pé do lajeiro"), Amelinha (em "Estrela miúda"), Fagner (em "Bom vaqueiro"), Jackson do Pandeiro (em "O canto da ema"), Zé Ramalho (em "Morceguinho, o rei da natureza"), Clara Nunes (em "Ouricuri, segredo do sertanejo"), Gonzaguinha (em "Fogo no Paraná"), Nara Leão (em "Pipira"), Alceu Valença (em "Pisa na Fulô") e, claro, Chico Buarque, interpretando "Carcará" ao lado do autor.

Além da produção do disco de João do Vale, Chico lançaria um dos trabalhos menos conhecidos de sua carreira, o livro de poesia *A bordo de Ruy Barbosa*. Escrito entre os anos de 1963 e 1964, a obra recebeu ilustrações de Vallandro Keating, colega de Chico na faculdade. Em maio de 1981, Chico recordaria: "O poema é de 63 ou de 64. Anos que nós dois dedicamos a não estudar arquitetura. Ele era o Malandro [num trocadilho com o nome do colega] e eu era o Carioca.

Fazíamos bossa nova nos porões da FAU, ele de violão e eu de letrista. Lembro que o Malandro usava umas calças sem bolso e, como homem não podia andar de bolsa, ele vivia cheio de papéis na mão. Quinze anos depois, ele me aparece com esse poema bem amassado. Custei a me reconhecer. Depois que ele mostrou a ideia dos desenhos, achei muito bonito. Ficou como se o Malandro tivesse musicado a letra do Carioca".

Essas seriam as partes leves, tranquilas, do primeiro semestre de 1981.

*

Localizado na então distante Jacarepaguá, no Rio de Janeiro, o Riocentro era o maior centro de eventos da América Latina. O imenso espaço, inaugurado na segunda metade da década de 1970, era composto por cinco pavilhões interligados, que somavam mais de 100 mil metros quadrados em um parque de mais de 571 mil metros quadrados, com estacionamento para cerca de 7 mil automóveis. Toda essa amplidão era o cenário ideal para a realização de grandes espetáculos que reunissem públicos gigantescos – como um show coletivo. Formato de espetáculo que ganhava cada vez mais força naquele período – por reunir a possibilidade de vários artistas mostrarem seu trabalho e, além disso, fazer uma crítica ao governo da ditadura militar –, o show coletivo era também uma oportunidade para mostrar como a categoria artística (em sintonia com outras classes trabalhadoras) estava unida. Previsto novamente para ser realizado no dia 30 de abril, véspera do Dia do Trabalhador, o show coletivo em homenagem à data em 1981 entraria para a história: seria o terceiro e último a ser apresentado naquele local e naquele formato.

Organizado pelo Centro Brasil Democrático (Cebrade), uma entidade cultural presidida pelo arquiteto Oscar

Niemeyer e com ligações com o Partido Comunista Brasileiro (PCB), então ainda na clandestinidade, aquele show de Primeiro de Maio teria roteiro de Chico Buarque e de Fernando Peixoto e, naquele ano, faria uma homenagem especial a Luiz Gonzaga (curiosamente, um artista que sempre teve um comportamento reacionário, apoiando candidatos da Arena e depois do PDS). O público esperado era de 30 mil pessoas, quase todos jovens, muitos deles ligados a movimentos estudantis. No palco, estavam previstas as apresentações do homenageado, ao lado de seu filho, Luiz Gonzaga Jr., o Gonzaguinha, e também de Alceu Valença, Clara Nunes, Djavan, Ivan Lins, Gal Costa, Fagner, João Bosco, Ney Matogrosso, Paulinho da Viola, Simone e Beth Carvalho.

Porém, às 21h20, enquanto Elba Ramalho começava a cantar "Banquete de signos", de Zé Ramalho, houve uma explosão.

Um Puma – carro esportivo de pequeno porte com carroceria em fibra de vidro e motor VW 1600 – deixava a vaga onde estava parado no estacionamento quando sofreu uma explosão interna que lhe inflou o teto e fez com que suas portas laterais fossem arrebentadas. No banco do copiloto estava o sargento Rosário, que levava uma bomba no colo e morreu de imediato. Ao seu lado, no volante, dirigia o capitão Machado, que conseguiu se desvencilhar dos destroços, ainda que tenha ficado gravemente ferido e só conseguisse se mexer segurando com as mãos as próprias vísceras expostas. Mesmo nesse estado deplorável, o militar conseguiu andar por cerca de 200 metros e pedir socorro. Como não havia nas proximidades nem médicos tampouco ambulâncias disponíveis, Machado só foi socorrido cerca de meia hora depois da explosão, sendo levado para o Hospital Municipal Miguel Couto. Já na mesa de cirurgia, segundo o relato de um integrante da equipe médica, Machado, sob efeito da anestesia, teria murmurado: "Deu tudo errado".

Pelo ângulo dos dois militares e provavelmente do comando militar que os havia designado para a tarefa, sim, dera tudo errado. Porém, visto pela ótica de que uma tragédia de imensas proporções havia sido evitada, a explosão do Puma foi o que houve de mais certo naquele dia. Cerca de 30 minutos depois da primeira explosão, uma segunda atingiu a Casa de Força do Riocentro, a miniestação responsável pela alimentação de eletricidade do centro de eventos – desta vez sem nenhuma vítima.

O atentado do Riocentro foi o mais ousado e tresloucado gesto realizado por alguém vinculado à ditadura durante as duas décadas de regime militar. No momento em que a cúpula das Forças Armadas falava em abertura e se dizia envolvida com a preparação do país para a volta da democracia, a explosão daquelas bombas trouxe novamente um clima de insegurança. O atentado deixou o governo desconcertado. O presidente Figueiredo, que nunca se caracterizou pela ponderação e pela capacidade de avaliar os problemas friamente, parecia perdido.

Como reflexo imediato, o fato atingiu o centro do poder, fazendo com que, três meses após o ataque, o general Golbery do Couto e Silva, ministro da Casa Civil e também grande estrategista da abertura política, renunciasse. Isolado, Figueiredo ficou ainda mais vulnerável. Sob intensa pressão – tanto da oposição quanto dos militares, em especial os ligados à linha-dura –, o presidente acusou o golpe e demonstrou fragilidade. O resultado foi um infarto que o obrigou a deixar o governo por quase dois meses. Nesse período, o país ficou nas mãos do vice-presidente, Aureliano Chaves. Pela primeira vez em quase vinte anos, o Brasil voltava a ser governado por um civil.

*

O disco que Chico Buarque começaria a gravar naquele período refletia tudo isso. Depois do caráter morno e de compilação musical de *Vida*, com *Almanaque* Chico voltava a montar um repertório com composições inéditas e a fazer o que de melhor sabia: letras que retratavam o cotidiano e, por isso mesmo, fustigavam o governo e os poderosos.

Nesse sentido, a canção que melhor representava esse pensamento era "Angélica". Composta em parceria com Miltinho, do MPB4, "Angélica" homenageava a memória da estilista Zuzu Angel.

Nascida em Minas Gerais, em 1921, Zuleika de Souza Netto desde criança demonstrou interesse por tecidos e costuras. Ainda adolescente, em 1940, ela conheceu o norte-americano Norman Angel Jones. Com ele se casou em 1943 e, após dois anos morando na capital mineira, ela e o marido mudaram-se para o Rio de Janeiro. O casal teve três filhos. O mais velho, nascido em 1947, ganharia o nome de Stuart Angel Jones. Depois viriam Hildegard, em 1949, e Ana Cristina, em 1952.

A vida no Rio e seu talento criativo foram decisivos para que sua carreira como estilista deslanchasse. Autora de peças originais, que exaltavam a brasilidade, Zuzu gostava de misturar materiais como rendas com ilustrações que evocavam temas regionais e do folclore: estampas de pássaros, borboletas e papagaios. Zuzu conquistou a admiração de um público brasileiro e também estrangeiro, tornando-se uma das mais conhecidas estilistas do país.

Ao mesmo tempo que vivia o esplendor profissional, Zuzu enfrentava o drama de ver seu único filho homem cada vez mais envolvido no combate à ditadura. Na virada da década de 1960 para a de 1970, Stuart, então estudante de Economia, passou a integrar o MR-8, grupo guerrilheiro de ideologia socialista. Pela sua atuação, Stuart não demoraria a ser visado pela repressão e acabaria preso em 14 de abril de 1971. Quase de imediato, ele foi torturado e morto nas dependências do Centro de Informações da Aeronáutica (CISA) no aeroporto do Galeão, no Rio. O corpo dele seria ocultado por seus algozes, e ele seria dado como desaparecido pelas autoridades.

Começava aí uma das jornadas mais emocionantes e trágicas de que se tem notícia na história brasileira: a busca de uma mãe pelo corpo do filho desaparecido. Primeiro, esperando que uma solução surgisse de uma manifestação oficial por parte dos militares. Logo depois, Zuzu buscou apoio no governo dos Estados Unidos, invocando o fato de Stuart ser filho de um cidadão norte-americano. Sem grandes avanços em seus pedidos iniciais, Zuzu passou a fazer o que sabia de melhor: protestar com seu trabalho. Como estilista, ela criou uma coleção estampada com manchas vermelhas, pássaros engaiolados e motivos bélicos. O anjo, ferido e amordaçado em suas estampas, tornou-se também o símbolo do filho. Em setembro de 1971, ela chegou a realizar um desfile-protesto no consulado do Brasil em Nova York. Foi um grande acerto de Zuzu, já que uma lei da ditadura militar impedia que brasileiros criticassem o país no exterior. Ao fazer o desfile no consulado, Zuzu conseguira se blindar: tecnicamente, ela estava em território brasileiro. Sua luta virou ainda um importante tema jornalístico, e cada vez mais repórteres – do Brasil e do exterior – passaram a se interessar pelo drama daquela mulher.

Em sua incansável jornada, Zuzu conseguiu ser ouvida por políticos importantes, como o secretário de Estado dos

Estados Unidos Henry Kissinger e o senador Ted Kennedy. Aos dois – e a muitos outros – Zuzu enviou um dossiê com os fatos sobre o desaparecimento de Stuart. Ambos pouco lhe ajudaram. Como se as negativas e as vicissitudes a deixassem ainda mais forte e obcecada, Zuzu viveu durante meia década um período de terror.

Sua busca pela verdade e pelos culpados só terminaria, também de maneira trágica, na madrugada do dia 14 de abril de 1976 – exatos cinco anos depois do dia em que Stuart fora preso. O carro dirigido por ela, um Karmann Ghia TC, derrapou na saída do Túnel Dois Irmãos, na Estrada Lagoa–Barra, no Rio; saiu da pista, chocou-se contra a mureta de proteção, capotando e caindo na estrada abaixo. Zuzu morreu instantaneamente.

Como sabia que estava sendo vigiada e perseguida, Zuzu, uma semana antes, deixara na casa de Chico um documento em que pedia a divulgação pública caso algo lhe acontecesse. O texto dizia: "Se eu aparecer morta, por acidente ou outro meio, terá sido obra dos assassinos do meu amado filho". Zuzu não deixava dúvidas sobre a quem responsabilizar.

Cinco anos depois, o pedido de Zuzu viraria letra de música. Em "Angélica" – embora em nenhum momento Chico falasse diretamente de Zuzu (e nem precisava) –, o compositor perguntava: "Quem é essa mulher/ Que canta sempre esse estribilho?". E completava: "Só queria embalar seu filho/ Que mora na escuridão do mar". A referência ao fundo do mar não era gratuita. Acreditava-se que uma das maneiras preferidas dos torturadores na ocultação dos cadáveres das vítimas consistia em atirar os corpos do alto de aviões militares no oceano.

Por tratar de um tema tão delicado (e recente) da vida brasileira, "Angélica" foi explosiva, destoando do repertório lírico, e até divertido, de *Almanaque*.

*

A perseguição e o assassinato de Zuzu Angel foram apenas algumas das faces do terror que começava a tomar conta não apenas do Brasil, mas de boa parte da América do Sul. Dezoito dias antes da morte da estilista, o pianista Francisco Tenório Cerqueira Júnior, o Tenório Jr., então com 35 anos, estava em turnê por Buenos Aires, acompanhando os artistas Toquinho e Vinicius de Moraes. Na noite de 18 de março de 1976, o músico desapareceu misteriosamente em uma rua da capital argentina depois de deixar no hotel um bilhete no qual estava escrito: "Vou sair para comer um sanduíche e comprar um remédio. Volto logo". Nunca mais voltou, tampouco seu corpo foi encontrado. Soube-se, anos mais tarde, que Tenório Jr. teria sido confundido com um militante esquerdista da Argentina e sequestrado pelo serviço secreto da Marinha. Na madrugada, seis dias antes de um golpe militar que dominaria a Argentina por quase uma década, Tenório Jr. seria torturado e ficaria irreconhecível pela série de espancamentos. Ao se darem conta do equívoco que haviam cometido, a solução encontrada pelos sequestradores argentinos foi matar o pianista com um tiro e ocultar o cadáver.

Menos de cinquenta dias depois do desaparecimento de Tenório Jr., ocorreria um novo caso no Brasil – não tão violento, mas ainda assim envolto em mistério: o acidente automobilístico que causou a morte, em Brasília, de Rodrigo Lordello Castello Branco, de 25 anos. Filho de Carlos Castello Branco, o Castellinho, principal colunista político do *Jornal do Brasil*, Rodrigo não teve sua morte investigada à época, tampouco o acidente causou suspeitas nos pais e amigos do jovem. Quem teve sensibilidade para perceber que algo poderia estar errado foi o presidente deposto João Goulart.

"Eles matam pessoas, Castello!" Foi com este aviso direto e cru que Jango buscou chamar a atenção de seu amigo. Os dois dividiam uma garrafa de Royal Salute no bar do Hotel Claridge, em Paris, apartados de um grupo maior de uns 15 brasileiros em que se destacava Glauber Rocha com seu discurso caótico e apocalíptico. Calmo, Jango ainda reforçava sua frase com exemplos. O mais recente era o assassinato do ex-ministro chileno Orlando Letelier, apenas dois meses antes daquela conversa, e também, no mesmo maio que vitimou Rodrigo, os assassinatos, com os corpos crivados de balas, do ex-senador e ex-ministro de Estado do Uruguai Zelmar Michelini e também Héctor Gutierrez Ruiz, ex-presidente da Câmara dos Deputados daquele país, que enfrentava uma ditadura desde 1973. Os dois eram amigos de Jango.

Como se insistisse em plantar a semente da dúvida em Castello Branco, Jango parecia saber aonde queria chegar, tanto que completou sua frase com uma pergunta: "Castello, você mandou apurar a morte do seu filho?". O jornalista ficou impressionado pelo fato de o ex-presidente lembrar de um acidente ocorrido seis meses antes e que a ele jamais causara desconfiança. Ao jornalista sempre parecera aquilo mesmo, um acidente, mas agora, a partir daquele momento e daquele comentário, o episódio passava a ganhar novos contornos.

Tanto Jango tinha razão em sua análise que ele mesmo se via como uma possível vítima. Em agosto, também de 1976, outro político de primeira grandeza e igualmente contemporâneo de Jango, o também ex-presidente Juscelino Kubitschek, seria vítima de um acidente de carro que até hoje causa dúvidas se foi provocado ou acidental. JK morreu durante uma viagem na Rodovia Presidente Dutra quando o automóvel em que viajava, um Opala, bateu violentamente numa carreta carregada de gesso. Juscelino e seu motorista,

Geraldo Ribeiro, tiveram morte instantânea. A primeira versão oficial tratou a morte como um acidente normal. Porém, acontecimentos posteriores levaram muitas pessoas próximas do ex-presidente a crerem na tese de que Juscelino havia sido a primeira vítima de uma conspiração que visava a eliminar os principais líderes oposicionistas.

A tese ganhou volume menos de um semestre depois, ainda em 1976, com a morte inesperada de João Goulart. O vice-presidente, vivendo com a família num exílio em Mercedes, na Argentina, foi vítima de um ataque cardíaco. Houve suspeita de que o enfarte, ocorrido em dezembro daquele ano, poderia ter sido provocado por envenenamento, já que era sabido que Jango era monitorado por grupos militares uruguaios, argentinos e brasileiros

A última baixa nessa macabra lista envolvendo artistas e políticos ocorreu em maio de 1977. Aos 63 anos, Carlos Lacerda, ex-governador da Guanabara e um dos principais líderes civis do golpe de 1964, morreu na Clínica São Vicente, no Rio de Janeiro, vítima de um enfarte no miocárdio. A repressão e o terror de Estado levados adiante pelas ditaduras de Brasil, Argentina, Chile e Uruguai seriam batizados de Operação Condor e contariam com o apoio estratégico dos Estados Unidos. A série de atentados, sequestros e assassinatos envolveria operações de inteligência que tinham por intenção eliminar opositores políticos e foi formalmente implementada em novembro de 1975, a pedido do ditador chileno Augusto Pinochet. No Brasil, o fato de os três líderes da Frente Ampla terem morrido em menos de nove meses levantou a teoria de que essas mortes pudessem estar relacionadas – o que nunca foi comprovado.

*

Além de "Angélica", Chico faria outras duas críticas mais veementes. Uma de forte conotação social, abordando o tema dos meninos de rua e a tragédia de vidas que terminavam quando deveriam estar começando, em "O meu guri". Trata-se do relato da morte de um pivete na versão de uma mãe que parece não entender muito bem o que está acontecendo. A outra composição, de caráter mais pessoal, falava da situação sui generis que estava vivendo em sua trajetória profissional.

No final de novembro de 1981, às vésperas do lançamento de *Almanaque*, Chico se dizia aturdido. A expressão usada em uma entrevista concedida à repórter Cleusa Maria, do *Jornal do Brasil*, era explicada pelo músico não como sendo alguma espécie de nervosismo com relação ao novo trabalho, mas sim como uma angústia por ter sido envolvido à revelia numa disputa entre a sua antiga gravadora, a PolyGram, e a atual, a Ariola. Até pouco tempo antes, as duas empresas estavam metidas num litígio acerca do novo contrato de Chico. "Depois resolveram casar-se. E com comunhão de bens", como sublinhou Chico. Nesse jogo de interesses que aproximava as duas multinacionais, Chico se sentia como "uma bolinha", incapaz de tomar qualquer iniciativa. "Não tenho mais nada a ver com a Philips", disse Chico, referindo-se à ex-gravadora ainda pelo antigo nome. "Mas agora soube que a Ariola foi comprada. Estou meio aturdido. Gosto de poder tomar iniciativa, de responder por mim. Nesse caso, isso não aconteceu." Ele estava sem saber qual rumo as negociações iriam tomar. "É claro que não saí da Philips pensando que trocava um bandido por um mocinho. Mas estou perplexo."

Para revelar sua inconformidade, Chico compôs. O resultado foi "A voz do dono e o dono da voz", segundo o autor a única música racional do disco. Novamente usando como comparação o que poderia ser uma briga de dois amantes ("Casal igual a nós/ De entrega e de abandono/ De guerra e paz/ Contras e prós"), Chico logo de imediato deixava claro qual seu alvo ("Fizeram bodas de acetato – de fato"), usando como referência o material usado na produção de gravações de áudio. Se ainda houvesse dúvida com relação ao tema, o compositor seria mais claro: "O dono prensa a voz/ A voz resulta um prato/ Que gira para todos nós"). Colocando-se como "a voz", Chico falava de seu desejo de mudança ("Sonhou se desatar de tantos nós/ Nas cordas de outra garganta"), de sua intenção de ter seu trabalho valorizado ("E, rouca, regalar os seus bemóis/ Em troca de alguns brilhantes"), de sua frustração ("Enfim a voz firmou contrato/ E foi morar com novo algoz"), de sua expectativa de futuro ("Queria se prensar/ Queria ser um prato/ Girar e se esquecer, veloz") e da briga em que se viu envolvido ("E o dono foi perdendo a linha – que tinha/ E foi perdendo a luz e além/ E disse: minha voz, se vós não sereis minha/ Vós não sereis de mais ninguém").

 O cronista social Zózimo Barrozo do Amaral, em uma nota na sua coluna no *Jornal do Brasil*, especulou que "A voz do dono e o dono da voz" tinha endereço certo: o produtor Roberto Menescal, parceiro de Chico em *Bye, bye Brasil* e que teria sido o responsável por baixar a tiragem inicial do disco de 400 mil exemplares para 120 mil. Dias depois, em resposta enviada a Zózimo, Menescal negou que houvesse qualquer interferência sua no emagrecimento da tiragem. Segundo Menescal, diretor da PolyGram, nem que ele quisesse teria poderes para interferir na edição de um disco de um artista contratado pela Ariola. Apesar de a primeira ter comprado a segunda e ambas obedecerem a um comando único instalado na Holanda, as duas gravadoras, no Brasil, permaneciam independentes, cada uma com diretorias e programas próprios.

Embora tenha sido uma das mais virulentas composições já feitas por Chico, "A voz do dono e o dono da voz" não teve nenhum problema com a Censura. O órgão não estava nem um pouco interessado nos problemas pessoais de Chico Buarque.

*

Nos primeiros anos da década de 1980 a censura vivia um período de espasmos. Estavam ficando para trás histórias sobre a disputa entre artistas e censores que permitiam inclusive momentos curiosos e engraçados, como o caso que envolveu a rifa de um quadro do pintor Rubens Gerchman em benefício de uma campanha contra a censura e que foi ganha por um... censor. Ou ainda outro exemplo da atitude censória que atingiu o inofensivo compositor Adoniran Barbosa. Ele teve seu "Samba do Arnesto", composto em 1952, temporariamente censurado. Os censores acreditavam que o Arnesto citado na música era uma referência ao general Ernesto Geisel.

Ao mesmo tempo que se mostrava relaxada, liberando shows de Joan Baez no Rio e em São Paulo, inclusive com "Cálice" como parte do repertório, a Censura encrencava com séries televisivas. O episódio "Gatinhas e gatões", do seriado *Amizade colorida*, da TV Globo, foi o alvo. Por contar uma história em que o personagem central Edu (interpretado por Antônio Fagundes) largava a namorada (Tamara Taxman) para ficar com a filha dela (Carla Camurati), *Amizade colorida* despertou a ira de oito senhoras paulistas que organizaram um manifesto com 100 mil assinaturas e entregaram ao ministro da Justiça pedindo providências. Abi-Ackel, impactado pelo apelo das senhoras, determinou à Divisão de Censura de Diversões Públicas que atuasse com maior rigor, obrigando o presidente do Conselho Superior de Censura, Euclides Mendonça, a se desculpar pelo "cochilo". "Tanto eu quanto o próprio ministro recebemos telefonemas de indignação de vários estados brasileiros", relatou Mendonça, prometendo ser mais duro com a liberação de programas e filmes para a televisão, "que invade os lares das pessoas e torna impossível o controle por parte dos pais daquilo que seus filhos devem assistir."

(Mas não era apenas o amplo público que assistia à televisão que causava preocupações à Censura. Público bem menor, como o que passava por uma rua do bairro de Jacarepaguá, no Rio de Janeiro, também merecia a atenção do órgão, como o caso envolvendo o Auto Cine Drive-In, que vinha exibindo filmes eróticos que podiam ser vistos por quem estava do lado de fora do cinema. Atendendo a reclamações, a Censura agiu de forma célere, e o local foi interditado.)

*

Entre *Almanaque*, disco gravado em 1981, e o lançamento de *Chico Buarque*, trabalho de 1984, o compositor se envolveria nesses três anos em outros quatro projetos pouco convencionais.

O primeiro seria uma parceria com Os Trapalhões, quarteto humorístico que então era o maior fenômeno televisivo do Brasil e ainda responsável pela arrecadação das maiores bilheterias cinematográficas do país. Liderado por Renato Aragão, o grupo – que trazia ainda os cômicos Dedé Santana, Zacarias e Mussum – vinha desde 1972 em uma trajetória ascendente que lhe permitia lançar um longa-metragem a cada ano, quase sempre uma paródia de um blockbuster norte-americano

(*O Trapalhão no Planalto dos Macacos*, de 1976, e *Os Trapalhões na Guerra dos Planetas*, de 1978) ou então inspirado em algum clássico universal (*Robin Hood, o Trapalhão da Floresta*, de 1973, *O Trapalhão na Ilha do Tesouro*, de 1974, e *Simbad, o Marujo Trapalhão*, de 1975). Dessa maneira, com o quarteto à frente, foram produzidos mais de 30 filmes em duas décadas. No total, os longas foram vistos por mais de 120 milhões de pessoas – sendo que sete deles seguem em 2024 na lista das dez maiores bilheterias do cinema brasileiro de todos os tempos. Nesse projeto, batizado de *Os saltimbancos trapalhões*, Chico teve uma participação periférica. Não atuou, obviamente, nem mesmo compôs algo especial para o filme. Apenas autorizou o uso para o cinema das músicas que anteriormente havia composto para o musical *Os saltimbancos*.

Outro projeto seria o lançamento do primeiro e único disco de Chico Buarque cantando em espanhol. Voltado para o mercado de língua hispânica, o álbum passaria quase em branco pelo mercado brasileiro. *Chico Buarque en español* seria lançado em 1982 e teria um repertório reunindo dez canções do compositor brasileiro em versões do colega uruguaio Daniel Viglietti.

Mais a ver com a trajetória do músico seriam as encomendas para as trilhas de *Para viver um grande amor* e de *O grande circo místico*, ambas em 1983. O primeiro, apesar de o título remeter a um livro de Vinicius de Moraes de 1962, tinha seu argumento inspirado em *Pobre menina rica*, peça teatral de Vinicius em parceria com Carlos Lyra que narrava a história do envolvimento amoroso de uma garota rica, Marina (interpretada no filme por Patrícia Pillar), com o rapaz pobre Vinicius, interpretado por Djavan. A adaptação cinematográfica era de Miguel Faria Jr.

Na trilha, assinada por Lyra e Vinicius, autores do enredo original, também estavam presentes outros compositores, como Tom Jobim e o próprio Djavan. Chico compareceu com sete composições, dividindo as autorias com Djavan (em "Tanta saudade") e com Tom Jobim ("A violeira", "Imagina" e "Meninos, eu vi"), além das que compôs sozinho: "Sinhazinha (Despertar)", "Sinhazinha (Despedida)" e "Samba do grande amor".

Por fim, o maior envolvimento artístico de Chico Buarque nesse período seria com a trilha sonora de *O grande circo místico*, que integrava o espetáculo montado pelo Balé Teatro Guaíra, dirigido por Naum Alves de Souza. Baseado no poema de 47 versos contido no livro *A túnica inconsútil* (1938), de Jorge de Lima, o musical marcava as comemorações dos noventa anos de nascimento do poeta.

A estreia de *O grande circo místico* foi em janeiro de 1983, em Curitiba. A obra foi uma sequência da linha de trabalho adotada pela Fundação Teatro Guaíra, iniciada em 1981 com a encomenda a Edu Lobo de *Jogos de dança*. Dois meses depois de o espetáculo estrear, foi lançado o disco com a trilha do musical.

Apesar de ter o nome de Chico ao lado do de Edu Lobo no alto da capa, o LP era um trabalho coletivo em que os dois compareciam mais como compositores do que como intérpretes – em apenas uma música, a última faixa, "Na carreira", os dois cantavam em dueto. As demais foram divididas entre cantores como Tim Maia, Milton Nascimento, Gal Costa, Simone, Gilberto Gil, Jane Duboc e Zizi Possi.

Outras duas novidades com relação ao disco foram a baixa tiragem inicial, apenas 15 mil exemplares, e a gravadora pela qual foi lançado, a Som Livre, selo pertencente à Rede Globo.

Num álbum repleto de estrelas, a excelência de Chico se destacava em achados poéticos como em "A história de Lily Braun", com versos estruturados em cima de expressões estrangeiras (dancin', zoom, *cheese*, close, *flow*, scotch...) ou na exaltação do trabalho artístico em "Beatriz" (ou "Be actress"), em que Milton Nascimento dá voz à personagem e pergunta: "Será que é divina/ A vida da atriz/ Se ela um dia despencar do céu/ E se os pagantes exigirem bis".

Com exceção de "Rebichada" (canção que integrava o repertório de *Os saltimbancos trapalhões*, que foi vetada e poucos dias depois teve o veto retirado) e do corte de uma palavra ("pentelho", em "Ciranda da bailarina"), os quatro projetos passaram quase sem arestas e não sofreram qualquer espécie de veto ou proibição.

A censura parecia estar desaparecendo da vida de Chico Buarque.

8
O estandarte do sanatório geral vai passar

Mesmo vivendo um período de criação artística menos intensa, Chico Buarque não ficou parado. Envolveu-se ou foi requisitado para os mais diversos projetos, muitos com menor relevância artística, porém com forte conotação política.

O movimentado ano de 1982 – que marcava o retorno das eleições diretas para governadores de estado, agitando o cenário político brasileiro – teve em Chico um de seus maiores protagonistas. A volta das eleições era o maior acontecimento político desde o golpe de 1964. Um pleito que recolocaria em cena políticos que retornavam depois de terem sido exilados pela ditadura (Leonel Brizola e Miguel Arraes eram os mais importantes) e que também ampliava o cardápio político, com o Brasil de então saindo das amarras do bipartidarismo e se dividindo em cinco legendas – o PDS, governista, e, de oposição, o PMDB, o PDT, o PT e o PTB, este último de caráter bem conservador.

O ano de 1982 começaria para Chico no dia 7 de fevereiro, quando cerca de 60 mil pessoas compareceram ao estádio do Morumbi, em São Paulo, para o mais grandioso dos shows coletivos. Realizado num domingo – a apresentação prevista para o dia anterior precisou ser cancelada por causa das fortes chuvas –, o show transcorreu sem grandes problemas, porém teve um desdobramento insólito logo depois da apresentação, quando Chico e o diretor Oswaldo Loureiro, já de volta ao Hotel Brasil Hilton, onde estavam hospedados, foram para o restaurante. O jantar dos dois foi interrompido por uma discussão envolvendo Chico Buarque e o empresário Hélio Antônio da Silva. Identificado como agente do SNI e como relações públicas do IV Comando Aéreo Regional (IV Comar), Hélio Antônio, sentado a uma mesa no mesmo estabelecimento, pedira ao garçom que levasse um papel e conseguisse um autógrafo do cantor para sua mulher. Chico negou-se a atender o pedido, e o revoltado agente do SNI passou a gritar e destratar os garçons até ser detido pela segurança do hotel. Levado para fora do estabelecimento, Hélio Antônio não sossegou e, atrás da direção, passou a chocar o próprio carro contra veículos estacionados. Só parou quando foi controlado por oficiais do Departamento Estadual de Investigações Criminais e levado para o 4º Distrito Policial.

*

Chico sofreria uma imensa perda dois meses depois. Seu pai, o historiador e sociólogo Sérgio Buarque de Holanda, autor do clássico *Raízes do Brasil*, morreu em São Paulo, vítima de complicações pulmonares, em 24 de abril, poucos dias antes de completar oitenta anos. O velório foi realizado no dia seguinte, na casa onde o historiador vivera, no bairro do Pacaembu. Estiveram presentes, entre outros, o antropólogo Darcy Ribeiro, o físico Mário Schenberg e Severo Gomes, que fora ministro da Agricultura no governo Castello Branco e ministro da Indústria e Comércio no governo Ernesto Geisel. Na cerimônia simples, sem música e sem flores, a viúva, Maria Amélia, e os sete filhos, entre eles Chico, assistiram a uma breve fala do frade dominicano Frei Beto. Grande influência do compositor, Sérgio era ainda um dos maiores incentivadores do filho. "Agora, não tenho a menor importância. Sou apenas o pai do Chico. É ele o cartaz da família, vencedor de concursos e mais conhecido do que todos os historiadores juntos", declarara, certa vez, nos anos 1960.

A morte do pai quase fez Chico cancelar sua participação no *Canta, Brasil*. O tradicional espetáculo de Primeiro de Maio, promovido pelo Cebrade e que pelos três anos anteriores havia sido realizado no Riocentro, em 1982 ganhou um novo local, bem distante do espaço original. O show coletivo foi transferido para o Estádio Beira-Rio, em Porto Alegre, e contou com as participações de Baby Consuelo, Pepeu Gomes, Paulinho da Viola, Milton Nascimento, João Bosco, Clara Nunes, Simone e Nara Leão. Além da massiva divulgação do espetáculo ao vivo, um especial foi gravado e posteriormente exibido pela Rede Globo, em versão reduzida, com uma hora de duração.

A participação política mais ativa começaria ainda naquele primeiro semestre de 1982. Ao lado do cineasta Hugo Carvana, do poeta Ferreira Gullar, do ex-governador gaúcho Leonel Brizola e do deputado federal Miro Teixeira, Chico foi uma das centenas de intelectuais e políticos que por meio de um abaixo-assinado condenaram os atos de guerra praticados por Argentina e Inglaterra em torno da posse das Ilhas Malvinas e pediram o restabelecimento imediato da paz no continente sul-americano.

No segundo semestre, Chico mergulharia na campanha eleitoral.

Um dos primeiros atos do compositor foi ser uma das estrelas do *video-beam*, um telão instalado na carroceria de uma Kombi e cuja imagem era gerada por um videocassete.

A proposta, inovadora na época, era de Arthur da Távola, jornalista da Rede Globo e candidato a uma vaga no Senado pela legenda do PMDB no Rio de Janeiro. A ideia de Arthur da Távola era organizar uma espécie de "comício eletrônico-ambulante", contando com apoio de artistas como Paulinho da Viola, Zé Ramalho, Leci Brandão e Cacá Diegues. Chico e todos eles gravaram participações dando apoio ao candidato.

Logo depois, no dia 16 de julho, o Informe JB, do *Jornal do Brasil*, registrava que Chico estava aderindo à campanha do deputado Miro Teixeira ao governo do estado do Rio de Janeiro. Três dias depois, Chico confirmou a notícia. Participando de um ato político no Clube Municipal, na Tijuca, o compositor manifestou apoio ao candidato, além de garantir que subiria no palanque de outros candidatos do PMDB pelo Brasil afora, como o senador Marcos Freire, que disputava a eleição em Pernambuco e foi homenageado por Chico com um jingle para a campanha. Provando que não era volúvel e disposto a chancelar qualquer candidatura que dele se aproximasse, Chico adiantou que não autorizaria o uso de "Gota d'água" como fundo musical para a campanha do ex-presidente Jânio Quadros, candidato a governador em São Paulo pelo PTB. Naqueles mesmos dias de julho de 1982, além dos apoios políticos, Chico se envolveu em um ato público de repúdio à censura. Promovido pelo Sindicato dos Escritores, pela Associação Brasileira de Artistas Plásticos e pelo Sindicato dos Artistas, o movimento era uma reação ao recém-criado Conselho de Censura.

A censura dos anos 1980 havia mudado o foco. Deixava de ser política e ficava cada vez mais comportamental. Deixava também de lado a música e se voltava para a televisão. O governo Geisel havia acabado, e no governo Figueiredo, já em tempos de uma prometida abertura, a censura vivia seus últimos momentos ainda causando estragos. Apenas no primeiro semestre de 1982, os censores atacaram a novela *O homem proibido*, de Teixeira Filho, baseada num romance homônimo de Nelson Rodrigues, e não permitiram a exibição do seriado *Quem ama não mata*, de Euclydes Marinho, e da minissérie *Bandidos da falange*, de Aguinaldo Silva, uma das primeiras obras a abordar a emergente força das facções criminosas surgidas dentro dos presídios.

Até então, o maior ataque da Censura à televisão, em especial à Rede Globo, havia ocorrido quase cinco anos antes, em agosto de 1977, com a proibição da novela *Roque Santeiro*, de Dias Gomes. Na ocasião, a emissora resolveu reagir, enviando uma comitiva de 23 artistas a Brasília – entre eles Paulo Gracindo, Francisco Cuoco e Regina Duarte – para negociar com a Censura, além de veicular um editorial indignado exibido pelo *Jornal Nacional*. Nesse segundo aspecto, a Censura não aceitou calada o ataque e exigiu que a emissora no dia seguinte – no mesmo horário e no mesmo programa – divulgasse o seu direito de resposta.

Havia ainda – como sempre – episódios bizarros e ridículos, como o veto a que o programa humorístico *Planeta dos homens* (estrelado por Jô Soares e Agildo Ribeiro) fizesse piadas com o ditador de Uganda, Idi Amin Dada, e ainda a proibição de qualquer referência ao pó de pirlimpimpim no programa *Sítio do Picapau Amarelo*. Neste último caso, a explicação, além de ridícula, era um claro absurdo. O veto ocorreu porque o pó de pirlimpimpim, que permitia que quem dele fizesse uso pudesse se deslocar no tempo e no espaço, fazia, segundo os censores, uma crítica implícita ao governo, que na época havia criado um imposto que obrigava um depósito de 16 mil cruzeiros a quem quisesse viajar.

No mesmo período, a produção musical foi atingida por tabela. No especial *Saúde*, de Rita Lee, a Censura vetou uma frase da cantora quando ela se dirigia ao cinegrafista e dizia: "Hummm, quem é esse gato na câmera?". O censor entendeu: "Hummm, esse gato deve ser bom de cama". Outra vítima da Censura – também pelo lado comportamental – foi a banda Blitz, que na época estava lançando seu primeiro disco. Os censores encrencaram com a música que falava na "empregada que pegou no peru do seu marido... Peru de Natal".

Chico, no período envolvido com a campanha de Miro Teixeira, acabou no centro de outra polêmica, também com conotações políticas. Em outubro de 1982, pouco mais de um mês antes das eleições (vale lembrar que, na época, as eleições eram realizadas no dia 15 de novembro, em turno único), o colunista Zózimo Barrozo do Amaral noticiou que Chico havia promovido em sua casa uma reunião que contou com a participação de representantes do PMDB, partido de Miro, e do PDT, partido de Brizola, candidato que crescia na reta final da campanha. Segundo Danuza Leão, identificada por Zózimo como sua informante na reunião, Chico mostrava-se indeciso e hesitante, já que Miro vinha em trajetória descendente e Brizola, ascendente. O ex-governador gaúcho era então o que mais teria condições de derrotar o candidato governista Wellington Moreira Franco, do PDS – o que acabou se confirmando. Ainda assim, Chico continuou participando de comícios e de passeatas de apoio a Miro. Para deputado federal, Chico também abriu seu voto: apoiaria o psicanalista Eduardo Mascarenhas, do PMDB.

Como na época era permitida a participação de artistas em shows durante campanhas eleitorais, os chamados "showmícios", Chico Buarque foi a grande atração do evento, responsável pelo show de encerramento depois de mais de quatro horas de músicas e discursos. Segundo estimativas da época, o encontro reuniu aproximadamente 50 mil pessoas no Largo da Carioca. Apresentada pela atriz Christiane Torloni – então casada com Eduardo Mascarenhas – e pelo ator Milton Gonçalves, a manifestação de apoio ao candidato do PMDB contou com a participação de Ferreira Gullar, do ator Mário Lago e do dramaturgo Dias Gomes, além de um elenco de músicos integrado por João Nogueira, Baby Consuelo, Pepeu Gomes, João Bosco, Aldir Blanc, Teca Calazans, Nara Leão, Moraes Moreira, Geraldo Azevedo, Clara Nunes e Leci Brandão. A música escolhida para o encerramento foi "Apesar de você", um símbolo da arte censurada. Enquanto cantava, Chico se dirigiu à multidão e perguntou "É Miro ou não é?" e sorrindo abraçou-se ao candidato. O momento mais emocionante, porém, ficou a cargo do militante comunista Mário Lago, que diante do público recitou um poema em que falava sobre o sufoco vivido durante dezoito anos, lembrando o sangue dos mortos e as lágrimas dos que perderam seus parentes para a tortura. E encerrou de forma apoteótica: "O povo voltou à praça!".

Por quase todo o ano de 1982, Chico participou de showmícios, convenções e atos públicos. Assinou manifestos, cedeu sua voz para chamadas de tevê e levou seu apoio a candidatos a governador de Pernambuco (Marcos Freire) e do Rio Grande do Sul (Pedro Simon), além do seu estado natal. Só se manteve neutro em São Paulo, onde embora tivesse simpatia pelo candidato Franco Montoro, também do PMDB, preferiu se calar, já que boa parte de sua família apoiava Lula, nome indicado pelo PT, partido que o pai de Chico ajudou a fundar.

A fase se mostrava tão boa naqueles dias que Chico, numa jogada só, conseguiu driblar a Censura e a Lei Falcão.

Promulgada em 1º de julho de 1976, a Lei 6.339/76 recebeu o nome de seu criador, o então ministro da Justiça Armando Falcão. A lei visava a implementar mudanças em relação às propagandas eleitorais transmitidas por tevê e rádio, proibindo candidatos de quaisquer partidos de anunciar outras informações além de breves dados sobre sua trajetória de vida. Também era vetada a veiculação de músicas com letra, bem como discursos ou imagens. Em entrevista ao programa *Noites Cariocas*, da TV Record, o compositor manifestou abertamente seu apoio ao candidato Miro na reta final da campanha – e nem ele nem a emissora foram vetados ou até mesmo multados pelo Tribunal Regional Eleitoral. Nem sequer uma advertência a emissora recebeu.

    Chico se esforçou, mas não conseguiu fazer milagres. Confirmando todas as pesquisas, Leonel Brizola, do PDT, foi o grande vencedor daquele pleito, elegendo consigo também o candidato a senador pelo partido, Roberto Saturnino Braga. Miro, que no início da campanha despontava como favorito, com as urnas abertas teve que se contentar com um humilde terceiro lugar, atrás de Moreira Franco, do PDS. Sandra Cavalcanti, a candidata lacerdista indicada pelo PTB e que chegou a ser a favorita no início da campanha, ficou na quarta posição.

    Superada a campanha política de 1982, ano em que Chico Buarque frequentou mais as páginas do noticiário político do que as do de cultura, o músico entrou em 1983 declarando-se "tremendamente aliviado" – como confessou logo na abertura da entrevista concedida à repórter Deborah Dumar, do *Jornal do Brasil*. "Minha cabeça ficou rachada ao meio, mas roubei bastante da metade política para me dedicar à outra metade, a música", explicou. "Não posso afirmar que a atuação política tenha interferido no meu trabalho artístico, não tenho como. Procuro separar, criar um espaço reservado a trabalho que nada tem a ver com política. Em política, apoiei o PMDB, apoiei Miro Teixeira, e não me arrependo", reconheceu.

Na mesma entrevista ao *JB*, realizada nos primeiros dias de 1983, Chico revelava que durante a campanha havia tido uma conversa com Miro Teixeira em que destacara a importância do apoio de artistas, intelectuais e escritores ao candidato. Na conversa, Chico também aproveitou para se explicar sobre o encontro realizado em sua casa com militantes de dois partidos adversários, o PMDB e o PDT, durante aquela eleição. Segundo o compositor, ele teria sido instigado a realizar o encontro por estímulo do antropólogo Darcy Ribeiro, candidato a vice-governador na chapa de Brizola, e – de certa forma – se arrependera de ter aceitado a ideia. "Eu acreditei que poderia haver um convívio entre correntes diferentes. E na verdade houve isso, apesar de alguns insultos", avaliou, completando que a conversa não rendeu nada de útil: "Havia poucos indecisos. A maioria não mudou de posição".

Superado o período de militância, Chico voltou à velha rotina. A música, assim, passava a ocupar espaço prioritário na vida do compositor, além das viagens a trabalho para festivais na Nicarágua, em Angola e em Moçambique. "Tenho muita coisa a fazer e estou livre de obrigações político-partidárias. E quando me perguntam 'E o Brizola?', eu fico quieto. Não tenho nada com isso."

Como em 1982 Chico não gravou seu até então tradicional disco anual, muitos acreditaram que o músico estava fazendo uma espécie de greve como forma de afrontar a sua antiga gravadora, já que ele – conforme foi veiculado à época – ainda devia por contrato algumas músicas. Quando estava prestes a lançar o primeiro disco pela Ariola, a questão foi parar na Justiça. Porém, na mesma época, a PolyGram comprou todas as ações – e, assim, todo o cast – da Ariola. Chico não apenas esclareceu a polêmica como deu novos detalhes em entrevista: "A história é muito mais cruel do que se pensa. Quando eu renovei, antes, com a Philips [Chico sempre se referiu à gravadora pelo seu nome antigo], o advogado me disse que não me ofereceria dinheiro porque seria falta de consideração". Chico seguiu: "Aí apareceu a Ariola, que me fez uma proposta. Diante disso, o que a Philips iria me oferecer? Coloquei uma pessoa para negociar. Outro cara da Philips foi então lá em casa me oferecer dinheiro. Já não era mais falta de consideração? O negócio virou leilão, passei para a Ariola e começou a briga. A Philips comprou o cast da Ariola, comprando assim o que antes não quisera pagar. E eu só soube dessa venda no dia seguinte àquele em que terminei meu LP *Almanaque*". E concluiu: "A Ariola é uma carreira que se encerrou".

Chico ainda admitiu que – para se livrar definitivamente de problemas semelhantes – pretendia começar a pensar na possibilidade de produzir um disco independente, inclusive se responsabilizando pela venda e pela distribuição. "As pessoas acham que eu crio muitos problemas. E, de repente, vou ser o cara que cria problemas."

Um desses problemas ele teve com a Rede Globo. Por dez anos, Chico se recusou a participar de programas da emissora. A relação só foi retomada depois do atentado do Riocentro, quando ele e outros organizadores decidiram transferir o show de Primeiro de Maio para o Estádio Beira-Rio, em Porto Alegre. A organização do evento entendeu que deveria negociar com a emissora e vender os direitos de transmissão à Globo. "Mas até o fim eu vou dizer que a TV Globo foi o pior antro do fascismo durante a ditadura. Reproduziu o que houve de autoritarismo e arbitrariedade neste país", fez questão de frisar em entrevista concedida ao *Jornal do Brasil*.

Na conversa, Chico criticou a Rede Globo, mas não livrou a cara de ninguém: "Esse poder de esculhambar com o ser humano foi se espalhando da TV Globo para a Bandeirantes, *O Globo* e o *Jornal do Brasil*", atacou o músico citando até o jornal para o qual estava dando entrevista, reforçando não acreditar que houvesse liberdade de imprensa, "pois existe censura interna em todos os órgãos jornalísticos". Chico reforçou sua acusação, garantindo saber da existência de "uma lista negra de pessoas que não podem ser citadas". "Tenho de ler o *Jornal do Brasil* de capacete. Sai um livro meu, quase uma edição familiar, e vem uma primeira página inteira de um crítico de arte dizendo que o livro é uma porcaria."

O final da entrevista revelaria ainda mais um momento bombástico. Chico daria a sua versão com relação à nota publicada na coluna de Zózimo Barrozo do Amaral sobre sua briga com o jornalista Millôr Fernandes "por motivos ideológicos" no restaurante Florentino, no Rio. Chico lembrou que Millôr o havia insultado anteriormente e que fora cobrar o insulto. "Fui cobrar. O que é? Como é que é? Quer falar alguma coisa? Não? Não tem nada a dizer? Então tome um cuspe na cara, que em velho eu não bato. O cara jogou garrafas e copos, ameaçando acabar com o restaurante."

A nota em questão havia sido veiculada no dia 28 de março de 1983, e Zózimo registrou: "Não convidem mais para a mesma mesa Chico Buarque e Millôr Fernandes. Quem o fez na última sexta-feira, no Florentino, arrependeu-se profundamente. Os dois engalfinharam-se num corpo a corpo, levados por incontornáveis divergências políticas, só sendo separados quando voou pelos ares em direção ao adversário a primeira garrafa de Grant's, arremessada pelo humorista".

Nunca ficaram bem esclarecidos os motivos que levaram os dois a brigarem. No programa *Roda Viva*, em 1989, o âncora leu uma série de perguntas de telespectadores que haviam chegado por telefone manifestando interesse em conhecer a versão do humorista. Millôr foi sucinto. "Eu não briguei com Chico Buarque. Jamais briguei. Não gosto de falar disso. E eu não gosto de falar porque essas coisas se refletem em fofoca e vão reverberando." E encerrou: "O que aconteceu foi que os defeitos do Chico Buarque se chocaram comigo. Defeitos que não tenho. Se você quiser uma frase minha", disse Millôr falando para o âncora do programa, "aí está: 'Eu desconfio de todo idealista que lucra com seu ideal'".

Quem mais se aproximou de uma versão completa foi o cartunista Jaguar, que conviveu tanto com Chico quanto com Millôr. Em palestra feita durante a Festa Literária de Paraty (Flip), em 2014, Jaguar lembrou: "Chico, que era amigo do Tarso de Castro, virou inimigo do Millôr porque eles não se davam. Certa vez, em um bar no Leblon, no Rio, Chico o encontrou e foi tirar satisfação, perguntou: 'O que você tem contra mim?'. Millôr o ignorou. Em seguida, Chico deu uma cusparada nele. Millôr atirou tudo que tinha na mão na direção do Chico, até a mulher que estava junto com ele, mas não adiantou".

(Ao narrar os acontecimentos, Jaguar ainda teve disposição para fazer duas blagues. A primeira dizendo que já havia contado essa história várias vezes, sem citar nomes, apenas falando que o maior humorista brasileiro brigou com o maior compositor brasileiro. "Mas aí me ligavam para perguntar se eu tinha brigado com o Martinho da Vila", recordou. A segunda, ridicularizando a própria memória, sua relação com a bebida e sua incapacidade de ordenar alguns fatos do passado. "Quando eu bebia, tinha memória. Agora tenho amnésia abstêmia", concluiu.)

Debilitada e desacreditada, a ditadura brasileira entrava em 1984, seu último ano, simbolizada por um governo frágil e confuso. À frente, um general indeciso, capaz de lutar pela prorrogação de seu mandato ao mesmo tempo que pedia que a população o esquecesse. Iniciada duas décadas antes, a trajetória de cinco governos militares se esgotara, e o país afundava numa grave crise política e econômica. Era preciso reinventar a democracia brasileira.

Nesse novo processo político, dois nomes se destacavam: Ulysses Guimarães e Tancredo Neves. O primeiro, deputado por várias legislaturas desde 1947 e presidente do PMDB, à época o maior partido de oposição. O segundo, protagonista de movimentos políticos desde o governo de Getúlio Vargas, de quem fora ministro da Justiça, e, naquela época, governador eleito pelo PMDB de Minas Gerais.

O período entre meados de 1983 e início de 1984 mudaria tudo na vida brasileira. Nem bem eram abertos os trabalhos no Congresso na nova legislatura e Dante de Oliveira, um deputado jovem, alto, barbudo e pouco conhecido do PMDB do Mato Grosso, circulava pelos corredores e gabinetes da Câmara à frente de uma ideia tão genial quanto quase inexequível: tornar diretas as próximas eleições presidenciais, previstas para 1985.

Em paralelo à busca de Dante de Oliveira pelas assinaturas entre os deputados para que seu projeto tramitasse, as ruas passavam a ser tomadas por multidões. Começava a surgir a maior e mais espontânea mobilização popular da história do Brasil. Em pouco mais de quatro meses, as capitais brasileiras veriam brotar passeatas e comícios que atraíam milhões de pessoas com camisetas amarelas e carros com adesivos onde se lia "Eu quero votar pra presidente".

A primeira manifestação pública em apoio às eleições diretas ocorreu no recém-emancipado município de Abreu e Lima, na região metropolitana do Recife, em Pernambuco, no dia 31 de março de 1983. Organizada por membros do PMDB pernambucano, a manifestação foi seguida por eventos similares em Goiânia, em junho, e em Curitiba, em novembro. A campanha mudaria de patamar ainda antes do final de 1983, com um grande evento na Praça Charles Miller, em frente ao Estádio do Pacaembu, em São Paulo, no dia 27 de novembro.

O que inicialmente poderia ser um movimento difuso, com protestos contra o governo, a carestia e a inflação, cada vez mais ganhava um caráter único. O povo se mobilizava para exigir eleições diretas para presidente. Já no primeiro mês de 1984, a nova e grandiosa face do movimento pelas Diretas ficaria bem clara. Em evento realizado no Vale do Anhangabaú, no centro da capital paulista, em pleno 25 de janeiro, aniversário da cidade, mais de um milhão de pessoas se reuniram para declarar apoio às Diretas Já num ato liderado por Tancredo Neves, Ulysses Guimarães, Franco Montoro, Orestes Quércia e Fernando Henrique Cardoso.

Os artistas e intelectuais aderiram à mobilização. À novidade da contundência do emergente e debochado rock nacional se somaria a melhor tradição da MPB, representada por dois de seus expoentes: Milton Nascimento e Chico Buarque, como flagraria o jornalista Oscar Pilagallo no livro *O girassol que nos tinge*, completo relato sobre as Diretas Já. Juntas, as duas vertentes engrossariam o caldo sonoro da campanha.

A mobilização pelas eleições diretas tomou da Constituinte a primazia como bandeira oposicionista. Perplexo, o governo ficou paralisado, primeiro subestimando o movimento, depois tentando desacreditá-lo. Em dessintonia com as ruas, a Rede Globo também desmerecia o caráter político, dizendo que as multidões se formavam para ver os artistas. "Eles não entenderam nada", avaliou Fernando Henrique, num depoimento concedido mais de três décadas depois. "Não era o povo que ia ver os artistas. Eram os artistas que se juntavam ao povo."

Por três meses, então, de janeiro a abril de 1984, o país seria varrido por um tsunami de atos, comícios, passeatas, manifestações e movimentos. Todos os grupos sociais e políticos se fariam presentes. Entre os artistas, quase não havia exceção. Ainda que tivesse certas desconfianças com a música ser usada como forma de protesto – "A moda das canções de protesto me incomodava, dava a impressão de ser um pouco oportunista", confessou à jornalista Regina Zappa –, Chico se engajou de imediato à campanha.

O último acorde dessa sinfonia musical de combate ao governo e pelo restabelecimento das eleições diretas ocorreria no comício da Candelária. Maior manifestação popular realizada no Brasil – estima-se que mais de um milhão de pessoas foram às ruas –, o comício da Candelária parou o Rio de Janeiro no dia 10 de abril de 1984. Apenas para a divulgação, contando com apoios oficiais do governo do estado e também da prefeitura, foram impressos 10 milhões de panfletos, 200 mil cartazes e utilizados setecentos outdoors para a divulgação da manifestação. O esforço não foi em vão, e o comício ganhou uma dimensão tão gigantesca que todas as emissoras de televisão cederam grandes espaços de sua programação para a cobertura jornalística. A grandiosidade fez com que até a Rede Globo se rendesse e colocasse no ar mais de 30 minutos do evento durante o *Jornal Nacional*. Chico Buarque era um dos protagonistas. A manifestação foi encerrada às dez horas da noite com o Hino Nacional Brasileiro sendo cantado por toda a multidão, liderada pela cantora Fafá de Belém.

A mobilização seria impressionante, mas não o suficiente para ser ouvida pelos deputados. Duas semanas depois, em 25 de abril de 1984, a emenda Dante de Oliveira foi derrotada no Congresso Nacional. Aquele longo dia começaria às nove horas com a instalação da 62ª sessão conjunta do Congresso Nacional. Marcada por incidentes, ameaças, blefes e ausências, a sessão se destacaria mais ainda pela qualidade dos muitos discursos. Num desses, Fernando Henrique homenagearia o então recentemente falecido senador Teotônio Vilela, um dos artífices da campanha, colocando-o no mesmo patamar de Ulysses, e conclamaria a união de seu partido em torno de uma bandeira. "Exorto todos os presentes no sentido de que estas duas figuras que hoje balizam o caminho do PMDB sejam o lume que oriente nosso partido." Fernando Henrique também demonstraria otimismo, dizendo: "Temos a responsabilidade histórica de tornar ato aquilo que já é na vontade do povo, a exclamação, o grande brado contido na expressão: eleições diretas já".

Apesar da mobilização, o pior se confirmaria já na madrugada do dia 26, com a emenda sendo derrotada pela falta de 22 votos.

Mesmo derrotada, a emenda das Diretas havia feito muito. "Nós ainda vamos ganhar", previu um exausto Ulysses ao término da sessão. O otimismo do velho parlamentar se confirmaria com a emenda transformando-se em embrião dos próximos acontecimentos na política brasileira: a decisão de Tancredo Neves de concorrer em eleição indireta, na qual votariam os deputados federais, senadores e 138 delegados partidários escolhidos entre deputados estaduais – enfrentando o candidato oficial, Paulo Maluf –, a formação da dissidência no PDS, dando origem à Frente Liberal (como previa o apelo lançado por Fernando Henrique), e a vitória do mesmo Tancredo no Colégio Eleitoral no começo do ano seguinte.

A história novamente mudaria de rumo na véspera da posse, em 14 de março de 1985, com a internação às pressas do presidente eleito. Todos os principais envolvidos ficaram atordoados pela notícia, e as articulações invadiriam a madrugada, com Ulysses negociando com o ministro-chefe da Casa Civil, Leitão de Abreu, a possibilidade de efetivar o vice José Sarney na Presidência, o que acabou sendo feito. A proposta seria até que Tancredo se recuperasse – o que jamais aconteceu.

Com a morte de Tancredo, em 21 de abril de 1985, Sarney ficaria no poder por mais cinco anos. Mas o Brasil já estava bem diferente.

*

A censura começou a morrer mesmo quando a sua extinção virou projeto de governo e passou a constar no programa de Tancredo Neves. Candidato do PMDB no Colégio Eleitoral com o compromisso de derrotar o candidato governista, Paulo Maluf, do PDS, e com a responsabilidade de trazer de volta as eleições diretas, Tancredo Neves encarnou a esperança de que o Brasil necessitava depois de mais de duas décadas de ditadura e de governos militares. À frente de um amplo espectro político-partidário, Tancredo foi também o candidato abraçado pela classe artística. Era a garantia de uma travessia segura e democrática.

Em novembro de 1984, sete meses depois da derrota da emenda das eleições diretas no Congresso Nacional, Tancredo despontava como favorito na eleição indireta, que seria realizada dois meses depois.

Para os artistas e intelectuais, a confirmação desse favoritismo veio com um encontro realizado no Rio de Janeiro, no

Teatro Casa Grande, e que contou com a participação de mais de oitocentas pessoas ligadas às artes e à cultura. A reunião era de congraçamento, mas também de trabalho. Um documento com sete páginas, dividido em sete áreas (artes plásticas, música popular, música erudita, teatro, cinema, arquitetura e literatura) e encabeçado por uma comissão que incluía Tom Jobim, o cineasta Nelson Pereira dos Santos, o artista plástico Carlos Scliar, a atriz Dina Sfat e o poeta Ferreira Gullar, reivindicava que o político mineiro se comprometesse com esse ideário. Reconhecendo que a proposta era imediata e que ainda estava longe de ter um formato ideal, Ferreira Gullar sustentava que aquele texto pretendia resolver apenas as questões mais emergentes. "É uma luta que continua. Depois a gente continua brigando e reivindicando", resumiu o poeta. A grandeza e o alcance do encontro surpreenderam até experimentados observadores, como o jornalista Barbosa Lima Sobrinho, à época com 87 anos, que declarou nunca ter visto uma unanimidade tão grande como aquela em torno de Tancredo.

Chico – então envolvido com a gravação de seu próximo disco – não estava no local, mas era um dos signatários do documento e foi muito lembrado por todo o evento. Durante a leitura do manifesto, os aplausos mais demorados foram para o momento em que se pediu o fim da censura.

A resposta de Tancredo aos artistas e intelectuais deve ter agradado a todos. O candidato abriu seu discurso falando em "ter o apoio da maioria da nação para conduzir o Brasil à legalidade, à segurança, ao desenvolvimento econômico e social". Logo na sequência, Tancredo foi ainda mais específico, ressaltando que os artistas sempre estão onde está o povo e garantindo que "diante dos aqui presentes – e vejo tantos amigos e companheiros de lutas – dou a certeza de que serão ouvidos, de que vamos valorizar as indicações recebidas e, mais do que isso, não permitiremos que se trate a cultura desse país como um patrimônio menor". E, encaminhando-se para o encerramento de sua fala, Tancredo presenteou a todos com o que muitos mais desejavam ouvir: "Uma palavra clara e definitiva sobre a censura. Meu governo vai pôr fim à censura política, qualquer que seja a sua forma ou o seu disfarce".

O disco que Chico gravava em estúdio ganhou forma naquele movimentado mês de novembro que antecedia às eleições indiretas. O LP não era o único projeto que lhe tomava tempo. O compositor também estava envolvido com o roteiro de *Ópera do malandro*, adaptação cinematográfica da peça que seria dirigida por Ruy Guerra. Crítico, Chico manifestava apoio a Tancredo, mas não se entusiasmava: "Discordo de 90% do que ele fala. É um discurso bem conservador". Cético, Chico nem sequer acreditava que Tancredo fosse mesmo dar um fim à censura. "Mas é a saída que temos."

*

O novo trabalho reinseria Chico Buarque com total relevância no cenário musical. Sem título, com uma capa trazendo apenas a foto do autor à frente de um fundo vermelho e com o nome identificando o compositor no alto, o LP chegava cercado de grande expectativa.

Chico foi o primeiro a reconhecer que não fora fácil parir o novo disco. Um ano antes, ele havia feito três tentativas. "Na última vez, quando não saía nada, me apavorei", confessou ao jornalista Tárik de Souza. Até com os "brancos" Chico começou a se preocupar. "Da primeira vez que você esquece a letra, tudo bem, o público ri, se solidariza, bate palmas. Daí em diante, já começam a achar que você está esclerosado mesmo."

A produção musical do compositor, então, vinha se dando quase que apenas por encomenda, como as trilhas do musical *O grande circo místico* e do filme *Para viver um grande amor*. Também se refletia na carreira de Chico o fato de ele ter se afastado dos palcos e ainda a queda nas vendas de discos, com *Vida* e *Almanaque* registrando números bem mais modestos se comparados a *Meus caros amigos*, por exemplo. "Chico foi se sentindo como o jogador que necessita de longo treinamento para voltar aos gramados", comparou Tárik.

Nessa retomada, a decisão inicial foi voltar à cena. Primeiro, com um clipe gravado por Ruy Guerra e, na sequência, com a divulgação do disco em uma série de quatro shows que estreariam em Buenos Aires, a partir de dezembro de 1984, com Toquinho como parceiro. "Depois de tanto tempo, ia ser difícil de encarar sozinho", admitia Chico. E completava: "Se eu voltar a sentir vontade, pensarei em uma temporada brasileira".

A adesão de Chico Buarque à linguagem dos videoclipes tinha a ver com a expansão do seu lado criativo. "A partir desta experiência, já posso, quando estiver gravando um disco, fazer uma música pensando no clipe. Ele passa a ser um terceiro elemento, e o diretor passa a ser o terceiro parceiro", diagnosticou o compositor em uma entrevista ao repórter Marcus Barros Pinto, em *O Globo*, em fevereiro de 1985, um mês antes da posse do novo governo. "Como tenho uma forte ligação com o cinema e o teatro, para mim é estimulante", acrescentou. "O Walter Lima Jr. disse até que minhas letras já são verdadeiros roteiros de clipe, com história e sequência."

A primeira composição registrada para o disco foi gravada quase um ano antes, em novembro de 1983. Dividindo os vocais com o músico cubano Pablo Milanés, Chico gravou "Como se fosse a primavera", de autoria de Milanés e do poeta cubano Nicolás Guillén. Chico até fez outras gravações na mesma época, mas esta foi a única que sobreviveu e mereceu ser aproveitada no novo trabalho, que seria finalizado quase um ano depois.

Se não rendeu como imaginava, a temporada no estúdio pelo menos serviu para que Chico reencontrasse o prazer em compor. A produção no período foi tão prolífica que o compositor inclusive se deu ao luxo de deixar duas composições de fora: uma valsa de sua autoria ("Já tinha escalado duas; podia ficar parecendo um disco de valsas", revelou a Tárik) e um rock composto em parceria com Vinicius Cantuária. Mas mais do que a produção, o disco também despertou a alegria do convívio em estúdio. Havia muitos anos que Chico não se envolvia tanto com um trabalho, participando de todas as fases da gravação. "Antes eu entregava a música e o Francis Hime, por exemplo, me devolvia pronta com arranjo e tudo. Desta vez, a criação foi coletiva."

O clima de euforia que tomava conta do país também se refletia no repertório. A mistura que Chico fez do candombe (dança com atabaques típica da América do Sul e que tem papel muito significativo na cultura do Uruguai) com o blues em "Brejo da cruz" partira de uma notícia de jornal que havia lido sobre o excesso de loucos espalhados pelas ruas cariocas. "A fronteira entre o real e o desvario está cada vez menos nítida", constatava o músico. Tárik notava na mesma composição algo próximo ao realismo mágico da literatura latino-americana, em especial no trecho da música que falava "na criançada se alimentar de luz". Semelhante delírio podia também ser percebido no irresistível samba que abria o disco: "Pelas tabelas", em que, numa linha quase igual à de "Apesar de você", Chico misturava questões pessoais com coletivas. A desilusão amorosa do personagem ("Ando com minha cabeça já pelas tabelas/ Claro que ninguém se toca com minha aflição") era tragada pelo turbilhão que tomava conta das ruas, numa clara referência aos comícios das Diretas ("Quando vi todo mundo na rua de blusa amarela/ Eu achei que era ela puxando um cordão").

Em contraponto ao exagero, Chico enveredava ainda pelo lirismo, tanto em "Suburbano coração", feita sob encomenda para o então recente show de Maria Bethânia, quanto em "Tantas palavras", outra balada sobre a desilusão amorosa ("Nós aprendemos palavras duras/ Como dizer, perdi, perdi"), em que a voz de Chico é emoldurada pelo acordeom de Dominguinhos, o coautor. Outra parceria nova foi a feita ao lado de João Bosco, "Mano a mano", em que o carioca se adapta ao estilo veloz, marcado pelo violão rítmico do mineiro, no que à época ele classificou como um "curioso duelo rodoviário" ("Atravessando a garganta/ Jamanta fechando jamanta/ Na curva crucial/ Era uma barra, era engano/ Na certa, era cano/ Na mão, mano a mano/ Pau a pau/ Na beira de estrada se deu/ Se o que era dele era meu/ Ou era ele ou era eu").

A empolgação geral seria retomada na última faixa, como se fechando um ciclo não apenas do próprio disco, mas também de quase duas décadas de silêncio e de mordaças – a longa travessia que Chico percorreu tendo a censura em seu encalço. "Vai passar", um samba-enredo ("Descobri que sabia fazer ao compor um para a peça *Vargas*, de Dias Gomes e Ferreira Gullar", explicou Chico), foi a melhor tradução do momento de exaltação que o país atravessava. Um Chico inspiradíssimo, com criações poéticas únicas – que outro compositor conseguiria encaixar um "paralelepípedo" numa canção popular? –, realizava em um único samba um acerto de contas com um tempo passado ("Página infeliz da nossa história/ Passagem desbotada na memória/ Das nossas novas gerações") ou ainda lembrando a eterna corrupção ("A nossa pátria mãe tão distraída/ Sem perceber que era subtraída/ Em tenebrosas transações"). Chico também fazia uma radiografia do tempo atual ("Meu Deus/ Vem olhar/ Vem ver de perto uma cidade a cantar/ A evolução da liberdade/ Até o dia clarear"), além de vislumbrar o que viria pela frente: "Ai, que vida boa, olerê/ Ai, que vida boa, olará/ O estandarte do sanatório geral vai passar...".

*

O fim da censura foi registrado com estrondo. No dia 29 de julho de 1985, 136 dias depois da posse do novo presidente, o Ministério da Justiça expediu 5 mil convites a artistas e intelectuais para que participassem do ato final a ser realizado no Teatro Casa Grande, no Rio de Janeiro. Agora, sob o comando de Fernando Lyra – um pernambucano eleito sucessivamente deputado federal pelo MDB/ PMDB por quatro mandatos, desde 1970, e que chegara ao cargo pela proximidade com Tancredo Neves –, o Ministério da Justiça se encarregava de abrir um novo capítulo na vida brasileira.

Quatro meses antes, Lyra, com quinze dias de exercício no cargo, fizera o primeiro movimento para acabar com a Censura. O gesto inicial, como anunciado pelo ministro, era o de "limpar as prateleiras", propondo o desarquivamento de todas as obras vetadas nos últimos anos. A proposta havia partido de Chico Buarque, que, ao lado da cineasta Ana Carolina, do filólogo Antonio Houaiss e do cartunista Ziraldo, integrava um comitê que foi a Brasília para apresentar as primeiras sugestões. "Não sei o que é mais inusitado: eu como ministro ou a presença de Chico Buarque aqui no Ministério da Justiça", declarou à imprensa um espantado Fernando Lyra.

Minutos depois, ao instalar oficialmente a comissão, Lyra saudou Chico Buarque como o "símbolo da liberdade nos anos de escuridão", ressaltando que o trabalho do compositor fora fundamental para a luta pela redemocratização do país. Sem esconder o deslumbramento do fã diante do artista, Lyra declarou gostar muito de "Apesar de você". Chico agradeceu a manifestação, "vermelho de vergonha", como registrou em nota o jornal *O Globo*, e disse que se sentia à vontade ao visitar o Ministério, "uma fortaleza bonita, mas assustadora para os artistas".

Agora, o ato público no Rio de Janeiro batizado de Adeus Censura, cujo cartaz mostrava uma tesoura com pontas quebradas, seria marcado pela assinatura de uma portaria que liberava os três últimos livros ainda proibidos no Brasil: *Zero*, de Ignácio de Loyola Brandão; *Aracelli, meu amor*, de José Louzeiro; e *Feliz ano novo*, de Rubem Fonseca. Eram obras que estavam havia quase uma década retidas no Ministério da Justiça por ordem do então ministro Armando Falcão, que em 1976 proibiu a comercialização dos títulos "por exteriorizarem matéria contrária à moral e aos bons costumes".

Na ocasião, além da assinatura da portaria, Lyra também se comprometeria a receber uma proposta de reformulação da Divisão de Censura. Pela sugestão à nova legislação, a Censura se transformaria em órgão meramente classificatório. Outras duas importantes mudanças encampadas pelo ministério seriam referentes à nomenclatura: a Divisão de Censura do Departamento de Polícia Federal passaria a se chamar Divisão de Classificação de Espetáculos, enquanto o Conselho Superior de Censura teria seu nome mudado para Conselho Superior de Defesa da Liberdade de Expressão. E mais: pelas novas regras, as diversões e os espetáculos públicos deveriam ser classificados apenas por faixa etária (livre, dez, catorze, dezesseis ou dezoito anos de idade), e essas classificações poderiam ser sugeridas pelos próprios produtores. Os originais de peças teatrais e textos para apresentação musical não precisariam mais de certificado de censura. Os realizadores de filmes e demais programas destinados a cinema e televisão apenas passariam a ter o compromisso de enviar cópias à Divisão para a definição das faixas etárias e dos horários de exibição.

A festa que marcaria toda essa mudança vinha sendo preparada havia um mês pelo Ministério da Justiça, e as alterações previstas na Censura já ocupavam três meses de trabalho da comissão. No meio de tanta euforia, a maior conquista seria a definição de que a obra de arte se tornava intocável. Ou seja, a proposta da comissão eliminava de vez os cortes em obras artísticas e, além disso, a retirada de alguma cena só poderia ser feita pelo autor, pelo criador ou pelo produtor. "Teremos a eliminação do caráter proibitório da Censura", comemorava o teatrólogo Dias Gomes, que também integrava a comissão. "O autor não será mais obrigado a enviar antecipadamente sua peça ou programa de TV à Censura, que não terá mais o poder de proibir ou de mutilar nada. A palavra *censura* será abolida."

Dias Gomes ainda previa uma anistia geral sem revisão de todos os textos e obras que já haviam sido censurados no país. Era um assunto que o dramaturgo conhecia havia pelo menos quatro décadas, desde quando, em 1942, com apenas dezenove anos, teve seu primeiro trabalho censurado: a peça *Pé de cabra* foi proibida de ser apresentada na noite em que deveria estrear, sob a alegação de ser marxista. "Até então, eu nunca tinha lido uma linha sobre Marx e só vim a saber quem era depois dessa proibição", recordou Dias Gomes em entrevista ao jornal *O Globo*, em 1985, lembrando que, uma semana depois de ser proibida, a peça foi liberada, porém com dez páginas do texto original cortadas. Esta foi apenas a primeira peça do autor a sofrer vetos. Nos anos seguintes, Dias Gomes sofreria com a censura em textos como *O berço do herói*, de 1965, *A invasão*, em 1968, e na novela *Roque Santeiro*, já na década de 1970, quando trabalhava para a Rede Globo.

O texto da proposta defendida por Dias Gomes e pelos demais membros do comitê se baseava na liberdade de expressão do pensamento. "Acreditamos que os códigos que cuidam da sociedade são suficientes para protegê-la contra todo tipo de abuso", justificava o cartunista Ziraldo. "Então por que existe a Censura, se o Código Penal, por exemplo, já prevê o atentado ao pudor?", perguntava.

Confirmando todas as expectativas, o ato do Teatro Casa Grande foi uma festa. Era a "Lei Áurea da inteligência brasileira", comparou o ministro Fernando Lyra, antes de conclamar os presentes a "ancorarem o barco da liberdade na Constituinte de 1986". Artistas e políticos se abraçavam entre a plateia e o palco onde estava montada a mesa com autoridades e integrantes da comissão, com nomes como Tônia Carrero, Chico Anysio e também Aluísio Pimenta, então ministro da Cultura, Terezinha Martins, representando a Confederação Nacional dos Bispos do Brasil (CNBB), o jornalista Pompeu de Souza e o vice-governador do Rio de Janeiro, Darcy Ribeiro.

Na celebração democrática, sobrava espaço até para a presença de Coriolano Fagundes, integrante do extinto Departamento de Censura e que quatro meses antes assumira a Divisão de Censura da Polícia Federal, nomeado pelo ministro Fernando Lyra. Técnico de Censura, o goiano Coriolano, então com 47 anos, desempenhava suas funções desde 1961 e se destacou entre os demais assessores por suas tendências liberais e por alguns atritos com a diretora que o antecedeu,

Solange Hernandez. Por causa dessas brigas, Coriolano chegou a ser afastado do órgão e transferido para a Academia Nacional de Polícia como punição por ter votado a favor da liberação do filme *Pra frente Brasil*. Assumindo como diretor – numa cerimônia de posse que contou com a presença de Chico Buarque, como registrou a coluna de Carlos Swann do jornal *O Globo*, em março de 1985 –, Coriolano se comprometeu a retirar da Censura qualquer caráter repressivo. Ele inclusive lembrou, quando se tornou diretor, que, historicamente, a lei previa que a censura fosse apenas classificatória, mas, com o tempo, passou a ser "aplicada inadequadamente".

No ato do Teatro Casa Grande, um emocionado Pompeu de Souza discursou ressaltando o texto elaborado pelo grupo e que havia sido entregue ao ministro. Ao destacar os 22 tópicos que formavam o documento, o jornalista lembrou a luta que travou contra a censura. "A censura fere dois direitos, o do autor e o do público. É a castração da criatividade, da beleza, da vida."

Também comemorando, Chico Buarque disse que finalmente se sentia livre e explicava o trabalho da comissão: "Nós destrinchamos as leis que regiam a censura. Tivemos que ler uma literatura indigesta e propusemos a criação do Conselho Superior de Liberdade de Expressão ao invés do Conselho de Censura".

*

Deixando de lado Chico Buarque, a Censura nos anos 1980 havia encontrado novas vítimas. Com preocupações mais comportamentais do que políticas, os censores passaram a perseguir outros nomes. Rita Lee, Aldir Blanc e Juca Chaves, respectivamente com 14, dez e sete músicas censuradas, estão incluídos na categoria dos compositores mais vetados desde 1980. O levantamento feito pela própria Divisão de Censura escancarava o impressionante número de obras atingidas: 4.560 letras proibidas em apenas quatro anos. Menos grandiosa, mas igualmente significativa, era a lista de peças teatrais afetadas: 168. Os censores conseguiram a proeza de encrencar com a quase totalidade das obras dos principais nomes da dramaturgia brasileira, aí incluídos Plínio Marcos, Ruy Guerra, Lauro César Muniz, Augusto Boal, Dias Gomes, Chico Buarque, Leilah Assumpção, Millôr Fernandes, Gianfrancesco Guarnieri, Bráulio Pedroso e Nelson Rodrigues. Nem mesmo Oswald de Andrade, falecido em 1954, escapou das garras da censura. Curiosamente, o cinema foi o menos perseguido, "apenas" 68 filmes desde 1980. As maiores vítimas foram *Macunaíma*, de Joaquim Pedro de Andrade; *Pra frente Brasil*, de Roberto Farias; *O homem que virou suco*, de João Batista de Andrade; e *Os condenados* e *Avaeté – semente da vingança*, ambos de Zelito Viana. Porém, a maior parte dos vetos tinha a ver com obras pornográficas, com títulos capciosos como *Agite bem antes de usar*, *Sexo em grupo* e *De todas as maneiras*.

Investigando esse fenômeno persecutório, a pesquisadora Leonor Souza Pinto concluiria, quase duas décadas depois, em 2001, na Universidade de Toulouse, na França, uma tese que desmistificava a formação e o comportamento dos censores. Focada no cinema, a tese *Memória da ação da censura sobre o cinema brasileiro – 1964/1988* derrubava o pensamento comum de que a Censura Federal era integrada por funcionários públicos despreparados e ignorantes. "A censura era muito bem estruturada e cumpria uma função estratégica no regime militar. Os censores sabiam bem o que estavam fazendo", disse Leonor em entrevista ao repórter Luiz Fernando Vianna, da *Folha de S. Paulo*, em abril de 2005.

O estudo de Leonor mostrava bem a mudança ocorrida na Censura na segunda metade dos anos 1960. Se num primeiro momento, no período que vai de 1964 a 1967, os censores estavam preocupados com a moral e os bons costumes, a partir de 1968 a ótica muda: a Censura passa a ser comandada por militares, e as justificativas para os vetos ficam mais elaboradas, ganhando uma base político-ideológica. Leonor revela que os censores participavam de cursos, onde viam filmes de cineastas "subversivos" como Godard, Truffaut, Pasolini e Antonioni. Alguns, em busca de um aperfeiçoamento no exercício de suas funções, chegaram a estudar cinema na Universidade de Brasília (UnB).

Nova mudança é flagrada por Leonor a partir de meados dos anos 1970, quando a Censura passou a ter sua principal atuação em cima do que era apresentado pela tevê, na qual estava a grande massa do público brasileiro. Para Leonor, a censora Solange Hernandez – que se tornou um símbolo daquele período – era uma chefe de censura inteligente, preparada e perspicaz.

Na mesma linha, o jornalista Inimá Simões, autor do livro *Roteiro da intolerância*, de 1999, confirmava que o trabalho dos censores, embora tenha produzido muitos pareceres ridículos, "não era coisa de idiota": havia método, organização e alguns profissionais dedicados, ainda que muitas vezes os censores indicassem alguns cortes por medo. Sabiam que, se não cortassem nada e seus chefes vissem algo, seriam repreendidos. Para seu livro, o jornalista inclusive conseguiu entrevistar Coriolano Fagundes (como Solange, outro símbolo daqueles tempos). No final do século passado, Coriolano havia abandonado o serviço público – se tornara pastor evangélico.

*

"Houve um grande salto de 1976 para cá", recordou Chico, falando sobre as mudanças ocorridas na censura em entrevista concedida a *O Globo* em fevereiro de 1985. "Só fui conhecer este mecanismo quando voltei da Itália. E era um terror." Às portas da Nova República, Chico comemorava a possibilidade de pelo menos poder recorrer aos vetos, o que era um avanço em relação ao período mais inflexível da ditadura. "É um mal, mas não é fatal. Não tem mais aquela de sai ou não sai, aquela carga de trabalho em que, de cada quatro músicas, só uma era liberada. Era uma tensão horrorosa."

Nos novos tempos, embora ainda visse a censura como um problema, Chico não a considerava como o mais grave inimigo da classe musical. Para ele, o desemprego era mais nocivo aos artistas, já que a política aplicada então favorecia grandemente a importação e execução de músicas de fora. "A censura hoje não tem perigo de recrudescer. A [dificuldade de] sobrevivência do músico é que vem recrudescendo", avaliava, apontando a existência de um outro tipo de censura em que as gravadoras obrigavam os músicos a fazerem um disco pobre.

Como a influência estrangeira era cada vez maior, Chico sabia que não poderia lutar contra o que parecia invencível. Sendo assim, ele admitia: "Eu escuto o rock que os garotos fazem. Mesmo porque toca no rádio o tempo todo e existe uma distância muito grande entre as raízes deles e as nossas". E aconselhava: "A partir de uma revalorização do Brasil como projeto, eles mesmos vão poder encontrar um rock mais brasileiro e caminhos novos. Há um desequilíbrio que deve ser corrigido". O conselho de Chico além de sincero era desinteressado, até porque a nova geração de roqueiros pouco interferia na sua criação artística. "Não vou tocar guitarra, mas meu ouvido me obriga a incorporar a eletrônica, tudo isso que está no ar. Acho que isto está dosado no meu disco [de 1984]. Tem o lado acústico, as cordas, e tem os botõezinhos também." No grande teste que mostraria se a censura havia mesmo sido extinta do país, o governo foi reprovado. E a ameaça que abalou um ano de promessas e negociações nem partiu de questões internas – veio de fora, de um filme dirigido pelo cineasta Jean-Luc Godard.

Nascido em Paris, em 1930, Godard começou como crítico de cinema no início dos anos 1950, colaborando com a revista *Cahiers du Cinéma* e estreando como cineasta em 1959 com *Acossado* (*À Bout de Souffle*). Radical e inovador, Godard adotou novidades narrativas e defendia uma nova forma de fazer cinema, reabilitando o filme dito de autor. Pioneiro da *nouvelle vague*, atravessou a década de 1960 como um dos mais brilhantes realizadores de sua geração, tornando-se um símbolo não apenas para os admiradores de cinema, mas também para estudantes, intelectuais e líderes políticos.

Os filmes de Godard foram fundamentais para o engrandecimento dos atos de Maio de 1968, movimento político ocorrido na França marcado por greves gerais e ocupações estudantis. Pela instantaneidade e a força dos protestos, o Maio de 1968 se tornou o maior símbolo de uma época de transformações e renovação dos valores sociais e comportamentais. Seu impacto teve alcance planetário, gerando repetições em modelos e formatos semelhantes em diversos países do mundo, inclusive no Brasil.

Em meados da década de 1980, Godard já era um nome afirmado, sem precisar provar mais nada. Afinado com seu espírito contestador, decidiu fazer um filme que o devolveria ao centro dos debates polêmicos. *Je vous salue, Marie* narra a história de Maria (Myriem Roussel), estudante que trabalha no posto de gasolina do seu pai, e de José (Thierry Rode), um jovem taxista. Ao saber da gravidez da namorada, José a acusa de traição e quer se separar. Um estranho chamado Tio Gabriel revela que ela ficará grávida, mesmo sendo virgem, e tenta convencer o rapaz a aceitar a gravidez e enfrentar os planos divinos junto com Maria. Além da trama, as cenas de sexo também revoltaram católicos na época.

Por transportar de maneira iconoclasta para os dias atuais um tema tão caro à igreja católica, Godard de imediato passou a ser contestado. No Brasil, o simples anúncio da possível exibição do filme fez com que a Conferência Nacional dos Bispos do Brasil (CNBB), em consonância com as orientações do papa João Paulo II, condenasse o filme por afrontar "temas fundamentais da fé cristã, deturpando e vilipendiando a figura sagrada da Virgem Maria".

Lançado em 1985 na França, *Je vous salue, Marie* chegaria ao Brasil na primeira quinzena de janeiro de 1986. A estreia foi numa sessão privada realizada na sala de projeção da Divisão de Censura da Polícia Federal. O ambiente ficou lotado de censores, funcionários do órgão e curiosos que haviam conseguido acesso ao local. Na hora, Coriolano Fagundes não quis comentar, dizendo que aguardaria as manifestações prévias dos diversos censores. Indagado pelo jornal *O Globo* se manteria o compromisso assumido pelo ministro Fernando Lyra de que nenhum filme seria censurado, Coriolano respondeu invocando uma expressão muito divulgada pelo ex-ministro Armando Falcão: "Nada a declarar", apenas acrescentando: "É um filme polêmico que está sendo tratado com cuidados especiais".

Se dependesse dos censores em quem Coriolano se amparava, o filme tinha grandes chances de ser liberado. O longa-metragem foi considerado "artesanal" e "sem nada de ofensivo ao tema ou na interpretação dos personagens". Porém, após atravessar um mês de janeiro mergulhado num oceano de polêmicas, discussões, críticas e ataques, o filme entrava fevereiro exaurido e sem grandes chances de sobreviver.

No dia 5 de fevereiro, o presidente José Sarney proibiu a exibição de *Je vous salue, Marie* em todo o país. Baseado no parágrafo 8º do artigo 153 da Constituição então em vigor, Sarney tomou sua decisão e apenas a comunicou ao seu ministro da Justiça. Em nota, a Secretaria de Imprensa da Presidência da República decidiu pelo veto como forma de "assegurar o direito de respeito à fé da maioria da população brasileira". Sarney, ainda segundo a nota, levou em conta as palavras do papa João Paulo II, que condenou o filme por "afrontar temas fundamentais da fé cristã, deturpando e vilipendiando a sagrada figura da Virgem Maria". A decisão foi elogiada pelo presidente da CNBB, dom Ivo Lorscheiter, e pelo cardeal arcebispo do Rio, dom Eugênio Salles.

A determinação do presidente deixou incomodados tanto Lyra quanto Coriolano. Já prevendo a posição de Sarney, Lyra ainda tentou uma solução de consenso: iria sugerir a concessão de um certificado especial restringindo a exibição do filme a cineclubes e no máximo 20 salas em todo o país. Sarney não concordou. Irritado, Lyra deixou o Palácio do Planalto pelo elevador privativo, sem falar com os repórteres – como havia prometido – e sem entregar o projeto da nova Lei de Censura, como também estava previsto.

A decisão de Sarney foi o capítulo final de pelo menos duas novelas: a primeira – maior, mais importante e, por isso mesmo, mais grave – foi a confirmação de que a censura não havia morrido no Brasil e pelos próximos anos, de diferentes formas, ainda estaria em questão. A outra – claramente secundária e específica – seria a saída de Lyra do ministério, dando lugar ao jurista e ex-senador gaúcho Paulo Brossard. A justificativa seria o desejo de Lyra de concorrer a deputado federal por Pernambuco nas eleições que seriam realizadas nove meses depois.

Je vous salue, Marie teria ainda um epílogo interessante nas telas brasileiras. Quando anunciada por Sarney, a decisão foi de imediato criticada pela cineasta Tizuka Yamazaki, que ainda disse achar "um absurdo que a Censura, declarada extinta pelo ministro da Justiça, tenha se manifestado mais uma vez contra uma obra que não tem apelo popular". Seria, segundo ela, "assistida por meia dúzia de intelectuais".

Tizuka estava certa. O filme estrearia no Brasil em novembro de 1988, no mês seguinte à promulgação da nova Constituição Federal, e, sem causar qualquer comoção, reuniria menos de cem pessoas em quatro cinemas do Rio de Janeiro. Nenhum incidente foi registrado.

9
Não se afobe, não

Quase em paralelo à saída de Fernando Lyra do Ministério da Justiça e à distensão da censura, Chico Buarque dava novo rumo à carreira: assinava um contrato com a Rede Globo, onde sua mulher, Marieta Severo, havia voltado a trabalhar três anos antes. Em solidariedade ao marido, a atriz estava longe da Globo desde 1967, quando fez a novela *O homem proibido*. Em 1983, integrou o elenco da minissérie *Bandidos da falange*.

Na segunda metade de janeiro de 1986, nada era muito claro ainda. Sabia-se que o convite para que Chico se integrasse ao elenco da emissora partira de Nelson Motta e de Daniel Filho. A ideia era que fosse um programa mensal, gravado ao vivo no Teatro Fênix, no Rio de Janeiro, sem playback e com a proposta de mostrar o que não se ouve nas rádios FM. O biênio 1984/1985 havia sido intenso para Chico, com o compositor se dividindo entre os estúdios e os palanques: ao mesmo tempo que lançava um disco novo, apoiava a campanha das diretas e se envolvia de maneira mais próxima da política viajando por diversos estados brasileiros. Sobre a experiência de se tornar um apresentador televisivo, Chico disse ao jornal *O Globo*: "Pode ser até que, a partir daí, eu resolva fazer um show novamente. Já são dez anos, um pouco mais, longe dos palcos formais". A década de ausência pode ser explicada pela admitida timidez do músico, que passou a se apresentar menos em público.

A intenção de fazer um programa de tevê também se colocava para Chico como um desejo de se posicionar sobre a maneira como ele estava vendo o mercado fonográfico e o exercício da profissão de artista em tempos mais democráticos. "Há uma divisão muito grande: o que se ouve no rádio é cada vez menos o que se faz de significativo em música popular", opinava. "Será que você é obrigado a ouvir rock em todas as estações? E sempre o mesmo rock", perguntava, em busca de um antídoto que combatesse a mesmice e o pensamento único. E não encontrava: "Você muda de estação e parece que não muda, a não ser que caia numa daquelas que toca 'música de dentista'".

Chico notava que a segunda metade da década de 1980 era marcada pela falta de apetite das gravadoras em investir em gerações novas e em algo criativo. "Mas eu sou otimista. Essa estrutura aí vai cair de podre." A única solução apontada por ele já era vista com desânimo: a hipótese de ser dono de uma gravadora. O compositor inclusive confessou o plano de comprar a gravadora Rozemblit, tendo entre os sócios o também músico Paulinho da Viola. Porém, ele reconhecia que a ideia ajudava por um lado, mas atrapalhava por outro: "Administrar uma gravadora ia tomar metade do nosso tempo – tempo que deveria estar sendo dedicado à criação".

O mistério da estreia de Chico Buarque na TV Globo terminaria em menos de dois meses. Para espantar a timidez do compositor, a emissora também convidou Caetano Veloso para protagonizar a atração. Mais afeito aos palcos e mais desembaraçado diante do público, Caetano seria a garantia de que Chico não se sentiria abandonado. Os demais detalhes se confirmavam: Daniel Filho e Nelson Motta estariam à frente do projeto, contando ainda com a colaboração de Luiz Carlos Maciel e Maria Carmen Barbosa. *Chico & Caetano*, o título definitivo do programa mensal, reunia dois dos maiores compositores brasileiros de todos os tempos, que recebiam no palco do Teatro Fênix outros nomes de primeira grandeza da MPB, além de convidados estrangeiros como Astor Piazzolla, Mercedes Sosa, Pablo Milanés, Silvio Rodriguez e Willie Colón.

Como o roteiro não exigia nenhuma rigidez, os apresentadores tinham total liberdade para conduzir o programa. A descontração ficava ainda maior com as brincadeiras de Caetano sobre a timidez de Chico e a interação que os dois tinham com a plateia, geralmente composta por gente famosa.

Porém, logo no primeiro programa, exibido em 25 de abril de 1986, houve um problema. A Divisão de Censura da Superintendência da Polícia Federal vetou a execução da música "Merda" (saudação que significa "sorte" no jargão teatral), de Caetano Veloso. Além do uso de uma linguagem considerada imprópria pelas autoridades, a canção ainda fazia referência ao uso de drogas ("Nem a loucura do amor/ Da maconha, do pó, do tabaco e do álcool/ Vale a loucura do ator..."). Curiosamente, a música foi banida do programa, mas acabou incluída num disco lançado no final de 1986 com os melhores momentos de *Chico & Caetano*.

Previsto para ir ao ar na noite de sexta-feira, 25 de abril de 1986, o programa teve de ser modificado horas antes da estreia, quando a Censura Federal confirmou seu veto à música. A produção da Globo havia sido comunicada dois dias antes. De imediato foram acionados os departamentos jurídicos da emissora e da PolyGram, gravadora de Caetano, que havia composto a música sob encomenda para a peça *Miss Banana*.

Para tentar reverter a decisão, Nelson Motta procurou Luís Mauro, diretor da Censura no Rio de Janeiro, que em princípio aceitou os argumentos apresentados e pediu que fosse encaminhado ao órgão um recurso solicitando a liberação em caráter excepcional. O pedido se amparou em duas bases. A primeira destacava que a expressão usada no título e na letra da composição se referia à antiquíssima tradição teatral, segundo a qual os artistas se desejam "merda" em dia de estreia como augúrio de boa sorte. Outro argumento foi a exibição recente do filme *Lúcio Flávio, o passageiro da agonia*, apresentado no mesmo horário dias antes pela mesma emissora. No longa-metragem, os palavrões eram usados naturalmente.

Caetano, em defesa própria, disse que não pretendia provocar ninguém com seu trabalho e pediu que houvesse "um pouco de benevolência com a censura da Nova República". Caetano justificava ainda sua posição dizendo que muitas pessoas aproveitavam a falta de censura para dizer obscenidades, o que ele considerava "chato e pobre".

Se Caetano buscava contemporizar, Nelson Motta partia para cima. "Simplesmente não é possível aceitar uma arbitrariedade, um verdadeiro retrocesso a tempos que a duras penas superamos", completando com evidente exagero: "Uma atitude dessas é inimaginável até no tempo de Médici".

Para Nelson Motta, a música deveria ter sido liberada para qualquer veículo e qualquer horário, alegando que nenhuma pessoa no Brasil, sem uma boa dose de hipocrisia, pode se ofender em pleno ano de 1986 ao ouvir algum artista dizer a palavra "merda". Como não foi gravada uma música opcional para preencher o espaço, o primeiro programa se encerrava de forma abrupta. "A música é linda e o programa vai ficar mutilado. As pessoas vão ficar sem saber o final da história", comentou Motta na época. Em Brasília, Coriolano Fagundes evitava classificar a proibição como "um retrocesso no processo de descentralização da Censura", embora reconhecesse que a música seria "efetivamente liberada, mas com restrição".

A gravadora de Caetano poderia recorrer da decisão da Censura do Rio de Janeiro. Pela hierarquia, a primeira instância para reexame da música seria o próprio diretor da Divisão de Censura. Porém, nenhum requerimento oficial da gravadora pedindo a reapreciação do veto foi encaminhado.

O secretário-geral do Ministério da Justiça, Honório Severo, foi quem acabou dando a palavra final. Ao ouvir a música por algumas vezes em seu gabinete, durante uma audiência com Coriolano Fagundes, Severo sentenciou: "Não há condições de a música ser apresentada pela televisão". Para Severo, a música era chula e repetia 15 vezes a mesma palavra. Justificando sua decisão, Severo encerrava o assunto: "Não se pode mandar a nação à merda em cadeia nacional".

Outra curiosidade da temporada de *Chico & Caetano* foi a não participação de Tim Maia num dos programas. O músico chegou a ensaiar, mas, no dia em que deveria comparecer, não foi. Isso obrigou a equipe de produção a alterar o formato do programa, incluindo trechos da gravação do ensaio. Apesar do sucesso, *Chico & Caetano* teve apenas nove edições e foi exibido apenas durante o ano de 1986, de abril a dezembro. Em entrevista ao *Jornal do Brasil*, Chico explicou a vida breve do programa: "Fico feliz por ter acabado, pois não pretendo fazer carreira de show na televisão depois desse contrato de um ano. Acho que valeu por ser um programa de música ao vivo e de grande aceitação popular. Não sei se a Globo pretende continuar com um programa de música, gostaria até de ser convidado".

*

Coincidindo com o final do programa, teve início a Assembleia Nacional Constituinte, um dos momentos mais importantes da vida brasileira – e dos menos conhecidos, principalmente se comparado à "irmã" mais velha e mais exuberante: a campanha das Diretas. Tímida e pouco exaltada, a Constituinte era um anseio mais antigo do que as Diretas e já existia na cabeça de muitos pelo menos desde a campanha eleitoral de 1974, quando foi a grande bandeira da oposição.

Agora, em 1987, havia chegado a hora. Tomaram posse 559 parlamentares, divididos entre 487 deputados e 72 senadores. O PMDB era a grande força política. Graças ao sucesso do Plano Cruzado, o partido havia saído das urnas em 1986 com a eleição de 26 dos 27 governadores (perdeu apenas em Sergipe para o PFL) e uma bancada de quase 300 parlamentares. Atrás do PMDB, vinha o PFL (dissidência do PDS, sucessor da Arena, que elegeu 133 parlamentares na carona da Aliança Democrática, responsável pela eleição de Tancredo Neves), o PDS, que mesmo decadente conseguiu ter 38 deputados, e, na sequência, PDT (26), PTB (19), PL (pouco a ver com o atual partido liderado por Jair Bolsonaro, com sete), PCB (sete), PCdoB (sete), PDC (seis) e PSB (dois). As duas grandes forças políticas das próximas décadas seriam o PT, que então tinha apenas 16 deputados, e o PSDB, que só seria criado em 1988, no final da Constituinte.

Assim, com muitas polêmicas, idas e vindas, a nova Constituição do Brasil seria finalizada vinte meses depois do início dos trabalhos, sendo promulgada em 5 de outubro de 1988. De imediato, ficou conhecida como Constituição-Cidadã. Era o resultado do árduo trabalho dos constituintes que, naquele momento histórico, tinham pelo menos três compromissos: um com o passado (consertar os erros cometidos em duas décadas sem democracia no Brasil), outro com o presente (dar governabilidade ao país que saía de um período de repressão e adotava um movimento pendular de repúdio e distanciamento ao que existia até então) e um terceiro com o futuro (indicar qual caminho o país deveria seguir pelos próximos anos). Até hoje, passadas quase quatro décadas da promulgação, a Constituinte ainda é pouco valorizada e estudada. Porém, sua importância pode ser medida a cada dia, pelos motivos mais prosaicos ou os mais elaborados.

A definição de censura, por exemplo.

Já em seu preâmbulo, a nova Carta se mostrava ampla e generosa: "Nós, representantes do povo brasileiro, reunidos em Assembleia Nacional Constituinte para instituir um Estado Democrático, destinado a assegurar o exercício dos direitos sociais e individuais, a liberdade, a segurança, o bem-estar, o desenvolvimento, a igualdade e a justiça como valores supremos de uma sociedade fraterna, pluralista e sem preconceitos, fundada na harmonia social e comprometida, na ordem interna e internacional, com a solução pacífica das controvérsias, promulgamos, sob a proteção de Deus, a seguinte Constituição da República Federativa do Brasil".

Essa linha de pensamento daria o tom do documento histórico. Num exemplo mais específico, com relação à censura – ou melhor, ao combate à censura –, a Constituição se mostraria ainda mais clara. Já no Item IX do capítulo I dos Direitos e Deveres Individuais e Coletivos do Título II, que trata dos Direitos e Garantias Fundamentais, está escrito: "É livre a expressão da atividade intelectual, artística, científica e de comunicação, independentemente de censura ou licença". Mais adiante, no artigo 220 do capítulo V do título VIII da Ordem Social, o compromisso se mantém, com a Constituição garantindo que "a manifestação do pensamento, a criação, a expressão e a informação, sob qualquer forma, processo ou veículo não sofrerão qualquer restrição, observado o disposto nesta Constituição". E, por fim, para que não pairasse qualquer dúvida sobre a decisão dos constituintes, o segundo parágrafo é ainda mais explícito: "É vedada toda e qualquer censura de natureza política, ideológica e artística".

São estes os únicos dois momentos em que a palavra *censura* é citada no texto constitucional.

A clareza era tanta que já não havia dúvidas de que, a partir daquele momento, a censura estava banida do Brasil.

*

Aos 43 anos, com mais de duas décadas de carreira, Chico teria então, talvez, em 1987, o seu primeiro ano de total tranquilidade artística. O ano em que poderia criar com a convicção de que não seria importunado pela censura. "Quando Tancredo foi eleito, tomei um pileque como não tomava há muito tempo. Foi um pileque justo e merecido", contou Chico.

Agora, esse porre cobrava dele uma ressaca. O Brasil de 1987 vivia tempos democráticos, e o povo tinha a certeza de que a eleição direta seria disputada dali a dois anos. No horizonte já surgiam as confirmações das principais candidaturas: Ulysses Guimarães (PMDB), Leonel Brizola (PDT), Luiz Inácio Lula da Silva (PT), entre tantos outros. O que ninguém poderia imaginar é que o pleito seria vencido por um até então desconhecido governador recém-eleito de Alagoas, Fernando Collor de Mello, do mais surpreendente ainda PRN, o Partido da Reconstrução Nacional.

Nesse cenário, o artista voltava a criar. Primeiro disco de inéditas em quatro anos, *Francisco* foi lançado em novembro, já com a temporada de *Chico & Caetano* encerrada. A demora de Chico Buarque para retornar aos estúdios também esteve vinculada à disputa entre as gravadoras. Para o novo trabalho, nova gravadora. Agora, Chico havia assinado com a BMG-Ariola (ex-RCA) e já em julho estava pronto para gravar. O pique do compositor foi interrompido por uma greve de músicos ligados aos estúdios. Com a paralisação, os trabalhos ficaram de lado, só sendo retomados em outubro, aí com toda a velocidade. No final, Chico concluiu o disco em menos de trinta dias, trabalhando com agilidade e silêncio, pelo menos no que diz respeito ao lado de fora dos estúdios. No período que antecedeu o lançamento, Chico não quis dar entrevistas. Justificou-se: o que teria a dizer seria dito em versos. Era o começo de uma nova fase na carreira do compositor que o afastava, voluntariamente, da imprensa.

Francisco chegou às lojas com uma pequena novidade gráfica: três capas diferentes num mesmo projeto. A criação do design era de Noguchi e as fotos, de Walter Firmo. Porém, relevância maior teria o repertório. Das dez faixas, apenas uma não era inédita, "Bancarrota blues", parceria de Chico com Edu Lobo que já havia sido usada na trilha do musical *O corsário do rei* (1985) e no encerramento do filme *Cinema falado* (1986), dirigido por Caetano Veloso. No mais, *Francisco* trazia novidades como as novas parcerias com Vinicius Cantuária ("Ludo real"), Cristóvão Bastos ("Todo o sentimento") e João Donato ("Cadê você/ Leila XIX"). No disco, Chico ainda reverenciava a Mangueira, sua escola de samba, em "Estação derradeira". E, em "As minhas meninas", ele deixava a homenagem em aberto ao falar em "As minhas meninas/ Para onde é que elas vão/ Se já saem sozinhas as notas da minha canção". Chico poderia estar tanto se referindo a suas composições quanto às três filhas adolescentes.

Francisco, em resumo, era um disco alegre e descontraído, afinado com o momento que o compositor vivia. Com uma temporada no Canecão já engatilhada para o início do ano seguinte, o compositor novamente atravessava um período de mudanças. Chico, depois de tantas batalhas, queria agora deixar a impressão de um homem despojado e menos envolvido com temas amargos. "Depois que você cria uma imagem, se não brigar com ela, está ferrado. Pode ser mais forte do que você e te devorar."

Parte desse desejo de mudança vinha de um desânimo político. Em tempos democráticos, Chico via a esquerda, campo político em que sempre militou, rachada e alimentando ódios. Agora, muitos dos mesmos integrantes desse grupo não poderiam mais se reunir sob o risco de causar constrangimentos. Ele lamentava o afastamento do "pessoal que antes se encontrava no exílio, chorava junto e comia feijoada ruim". Desiludido, concluía: "Hoje não dá para convidar para a mesma mesa. É cada quebra-pau que me chateia um bocado".

O novo Chico que emergia na proximidade do milênio buscava atrair também um novo público. "Não quero fazer shows só para quarentões. Gostaria de me apresentar para gente que não me conhece", disse em entrevista ao jornal *O Globo*. "Para que as pessoas me ouvissem com ouvidos novos, frescos."

Como se fechasse um ciclo com relação a 1968, Chico Buarque, de novo, pretendia mudar sua imagem pública. Se quase duas décadas antes sua preocupação era se mostrar íntegro e engajado, longe da imagem de bom-moço, agora o músico tinha outros objetivos.

A travessia rumo à democracia fizera de Chico um cidadão realizado ao mesmo tempo que deixara o criador artístico exaurido. As preocupações musicais aliadas ao momento político e ao combate à censura haviam transformado seu posicionamento pessoal e intelectual a tal ponto que, a partir das entrevistas realizadas depois de 1987, a política foi se tornando cada vez menos relevante nas conversas de Chico.

O Chico Buarque que surgiria então – e dessa forma permaneceria até os dias de hoje, rumo aos oitenta anos – se mostraria mais leve e relaxado. Sem querer se atrelar ao caráter apartidário e às vezes até apolítico do emergente rock nacional da década de 1980, Chico também se declarava desanimado e sem saber quais seriam os novos caminhos. Por sorte, artisticamente, ele ainda tinha muito o que criar pelos próximos anos. A resistência havia dado lugar à resiliência.

O Chico de então poderia ver paralelos entre composições suas de diferentes épocas, como "Pedro pedreiro" e "Construção", e – mais ainda – entre "A banda", "Apesar de você" e "Vai passar". Feitas em três décadas diferentes, as canções eram unidas por um sentimento comum: a esperança.

Foi assim, com essa mesma esperança, que Chico Buarque construiu em seis décadas a mais abrangente obra da música brasileira. Agora, ele prefere se recolher ao apartamento em que vive, no Alto Leblon, ao lado da sua mulher, a advogada Carol Proner. Chico mora em um apartamento que fica na cobertura de um prédio com uma vista exuberante: lá de cima, se vê toda a praia do Leblon e a de Ipanema, e até um pedaço do Arpoador. É um lugar indevassável, ou seja, de ponto algum se consegue enxergar o terraço, a piscina ou qualquer parte do imóvel. O máximo que se vê da rua é se há alguma luz acesa. Chico tem obsessão por privacidade. Nas paredes, Chico tem bons quadros: um Daniel Senise, um Flávio Carvalho (retrato do pai, Sérgio Buarque de Holanda), um Carlos Scliar e um Di Cavalcanti (que originou a canção "Januária").

Em casa, ele mantém hábitos simples. Quando está escrevendo, fica ainda mais reservado. Escreve no computador desde mais ou menos 1991, influenciado pelo escritor e seu ex-consogro Rubem Fonseca (a filha mais velha de Chico, Sílvia, foi casada com o filho de Rubem, José Henrique). A não ser para escrever, Chico quase nem toca no computador. Quando escreve, Chico lê mais do que o normal. Onívoro e insaciável, ele é leitor de muita poesia (Manuel Bandeira, Vinicius de Moraes, Carlos Drummond de Andrade, Ferreira Gullar), literatura contemporânea brasileira (Sérgio Sant'anna e Rubem Fonseca) e literatura estrangeira (Gabriel García Márquez, Primo Levi e Eduardo Galeano). Quando jovem, lia muito os russos (Dostoiévski e Tolstói), os franceses (muitas vezes no original) e os norte-americanos (com predileção por William Faulkner ou F. Scott Fitzgerald, John dos Passos e Ernest Hemingway). Também é bem informado, daqueles que leem da seção de economia ao obituário, passando pelo horóscopo. Chico lê também, esporadicamente, publicações da França e dos Estados Unidos.

    No apartamento há mais livros à vista do que discos. Nos períodos de criação, ele ouve pouca música quando está em casa. Continua fiel aos clássicos do samba (Ismael Silva, Mauro Duarte, Cartola, Noel Rosa) e a outros gigantes não tão famosos (como Haroldo Barbosa e Luís Reis), além de muito Tom Jobim e os seus contemporâneos. Também admira os americanos Cole Porter, Irving Berlin e Frank Sinatra. Chico é muito fixado em canções, o que nem sempre significa que seja fixado em seus compositores. Por exemplo: "Mucuripe", de Belchior e Fagner, é uma canção de que gosta muito. E os cubanos, tanto os da velha guarda quantos os seus contemporâneos, como Pablo Milanés e Silvio Rodríguez, o comovem.

Afora isso, Chico caminha três vezes por semana, uma hora pelo menos, por volta da uma da tarde. O trajeto é quase sempre o mesmo, de sua casa até Ipanema (entre ir e voltar são aproximadamente seis quilômetros). É um andarilho rápido: acompanhá-lo exige fôlego de atleta. É o mesmo fôlego que ele esbanjou durante anos no campo de que é proprietário no Recreio dos Bandeirantes. O lugar ele recebeu como parte do pagamento de um contrato com uma gravadora no final dos anos 1970 e lá já chegou a ter até convidados ilustres, como Bob Marley, Paulo Cezar Caju e o maior de todos, o rei Pelé.

Quando menino, fundou um time de futebol de botão chamado Politeama. O nome ressuscitou no Rio anos mais tarde, quando Chico criou seu time de futebol, com uniforme e campo próprio. Tudo sempre foi levado extremamente a sério. Nos jogos, Chico costumava calçar uma chuteira Umbro tamanho 42 e assinava a súmula como Pagão, em homenagem a um antigo atacante do Santos de Pelé. No futebol profissional, torce pelo Fluminense. Já foi integrante da torcida Jovem Flu, mas há muitos anos não vai mais ao estádio, apesar de seu time estar atravessando uma ótima fase.

Em agosto de 2021, foi anunciado que Chico iria se casar com Carol Proner, advogada e professora da Universidade Federal do Rio de Janeiro (UFRJ). A intenção do casamento foi publicada no *Diário de Justiça* do Rio de Janeiro, formalizando que o músico de 77 anos e a advogada de 47 anos entraram com um pedido no cartório do 3º Distrito de Petrópolis, região serrana do Rio, onde passam boa parte do tempo juntos. Chico estava separado de Marieta desde 1999 e passou a namorar Carol três anos antes da oficialização da união. Os dois se conheceram durante encontros com intelectuais para lançar um manifesto político em 2018, retomando as atividades que ele deixara de lado nos últimos anos.

Os tempos democráticos coincidiram com o Chico maduro, estabelecido, ainda mais reconhecido e com o direito de se recolher e não precisar dar mais opinião sobre qualquer assunto, dos mais banais aos mais importantes. "Se a política interferiu na minha criação, foi de forma nociva. Não me arrependo, mas em termos artísticos não me acrescentou grande coisa. Minhas músicas mais marcadamente políticas são as que têm menor qualidade estética, no meu ponto de vista", declarou Chico em entrevista ao jornal *Folha de S. Paulo*, em novembro de 1998.

Com o Brasil atravessando períodos de estabilidade política, econômica e social, Chico se restringia a se manifestar em épocas de eleições presidenciais, quando abria seu voto. Sempre com Lula, Chico esteve na oposição a Fernando Collor (eleito em 1989) e ao seu ex-candidato ao Senado em 1978, Fernando Henrique Cardoso, vencedor das eleições de 1994 e 1998. Inclusive, críticas de lado a lado colocaram os ex-aliados em campos opostos. "Não concordo com 90% do que Fernando Henrique tem falado. Já não concordava antes da primeira eleição. Na época, ele falou que eu estava equivocado, porque eu disse que gostaria que Lula vencesse e formasse um amplo quadro de apoio com lugar para ilustres tucanos", disse na mesma entrevista à *Folha*. E concluiu: "Preferia ver Fernando Henrique num governo do Lula a vê-lo no PFL. Mantenho o que eu disse".

Entre outros temas, Chico se referia ao livro recém-lançado à época que reunia textos de Fernando Henrique e de seu colega português, o então ex-presidente Mário Soares. Em *O mundo em português – um diálogo*, Chico seria citado como um artista "mais convencional" do que Caetano Veloso e Gilberto Gil (segundo FHC) e "um pouco subordinado ainda a um certo esquema ideológico do passado" (segundo Soares).

O músico respondeu: "Vejo com indiferença, sinceramente. Não estou dando trela para esse assunto. Acho um comentário desimportante, é conversa de cozinha, não sei por que saiu em livro. Não acho que seja surpreendente que ele diga isso, nem que haja motivos para eu me chatear". E aproveitou para flagrar o que lhe parecia mais importante na discussão: "É um comentário pessoal. Minha divergência com Fernando Henrique não é de ordem pessoal".

No mesmo período, alguns jornalistas viram na música "Injuriado", incluída no disco *As cidades*, como sendo uma crítica a FHC. Chico desconsiderou: "Isso é uma piada, só rindo. Primeiro porque não fiquei injuriado com nada, segundo porque nunca vou chamar Fernando Henrique de *meu bem*".

Chico começaria o novo milênio mais uma vez apoiando a candidatura de Lula, agora vencedor em 2002 e 2006. Renovaria seu voto no PT apoiando igualmente Dilma Rousseff em 2006 e 2010. Mas com a eleição de Jair Bolsonaro à Presidência em 2018, Chico seria obrigado a voltar a se manifestar politicamente, ainda que da maneira mais absurda de sua carreira.

Em dezembro de 2022, Chico se viu envolvido numa polêmica quando, em uma sentença, uma juíza fluminense exigiu dele a comprovação da autoria da composição "Roda viva". A canção voltava a ser assunto mais de cinquenta anos depois de seu lançamento pelo fato de ter sido usada como trilha musical de um post com fotos de expoentes do governo numa denúncia contra a "censura" do ministro do Supremo Tribunal Federal Alexandre de Moraes, à frente do processo que ficou popularmente conhecido como "inquérito das fake news". "O Brasil está sob censura. Numa ditadura, a primeira a morrer é a liberdade de expressão e imprensa", disse Eduardo

Bolsonaro, deputado federal e filho do então presidente, em um post no X (ex-Twitter) em 5 de novembro de 2022, dias depois da derrota do pai nas urnas. Interpretada pelo avesso, a canção-símbolo da resistência cultural à ditadura militar virou arma de protesto de apologistas do golpe de 1964.

Indignado com o uso indevido, Chico pediu a retirada da música do post, além de uma indenização por danos morais no valor de R$ 48 mil. "Se ver posando de garoto-propaganda de uma campanha política da qual é veementemente contrário e que, diga-se, lhe impingiu o exílio, tem sido muito doloroso para ele", afirmou a petição inicial dos advogados, em 17 de novembro de 2022. Porém, um dia depois, a juíza substituta do 6º Juizado Especial Cível do Rio de Janeiro, Mônica Ribeiro Teixeira, apontou a ausência de "documento hábil a comprovar os direitos autorais do requerente sobre a canção 'Roda viva'". A juíza não negava a autoria da canção, mas exigia que fosse atestada.

Os advogados de Chico, no pedido de reconsideração da sentença, em 23 de novembro, então apontaram "omissões e obscuridades" da juíza. "Trata-se de uma das músicas mais marcantes da cultura popular brasileira e da história das canções de protesto", reforçou a defesa, citando inclusive o post de Eduardo Bolsonaro, que atribuiu o fonograma a... Chico Buarque.

Levaria quase um ano para que Chico ganhasse a causa. Em 23 de agosto de 2023, foi declarado vencedor do processo por Keyla Blank de Cnop, juíza do 6º Juizado Especial Cível.

"Quantos existem dentro de Chico Buarque?", perguntava um espantado Julio Cortázar diante da densidade de um criador que antes dos trinta anos já havia alcançado a imortalidade e que, ao se rebelar contra a unanimidade nacional em que se transformara, passou, de maneira paradoxal, a ser mais amplo, atingindo diferentes classes e gerações. Mais completo repórter de seu tempo, Chico Buarque chega aos oitenta anos comprovando que, se nos últimos tempos ele perdeu a capacidade de produzir em linha de montagem, agora tem se revelado um artesão paciente e elaborado. A riqueza poética é a mesma, aperfeiçoada pela sutileza, pelo rigor e pela exigência. O lirismo denso e o estilo elíptico ainda permeiam sua obra. E, se nos anos 1970 ele precisava tergiversar para dizer o que pensava – fossem denúncias políticas ou desilusões amorosas –, Chico Buarque envelhece com a sabedoria de quem sempre soube de tudo aquilo que anda na cabeça, anda nas bocas – e que não é preciso se afobar, porque nada é para já.

FIM

Bibliografia

Coleções e acervos dos jornais *Pasquim*, *O Globo* e *Jornal do Brasil*.
AUGUSTO, Sérgio; JAGUAR. *O Pasquim – Antologia*. Vol. 1. 1969/1971. Rio de Janeiro: Desiderata, 2006.
_____. *O Pasquim – Antologia*. Vol. 2. 1972/1973. Rio de Janeiro: Desiderata, 2007.
_____. *O Pasquim – Antologia*. Vol. 3. 1973/1974. Rio de Janeiro: Desiderata, 2009.
CASTRO, Ruy. *Ela é carioca*. São Paulo: Companhia das Letras, 2021.
CASTRO, Tarso de. *Pai Solteiro e outras histórias*. São Paulo: Laser Press, 1990.
GABEIRA, Fernando. *O que é isso, companheiro?* Rio de Janeiro: Estação Brasil, 2016.
HOMEM, Wagner. *Chico Buarque: histórias de canções*. Rio de Janeiro: Leya, 2012.
HOMEM DE MELLO, Zuza. *A era dos festivais – uma parábola*. São Paulo: Editora 34, 2010.
MACIEL, Luiz Carlos. *Negócio seguinte*. Rio de Janeiro: Codecri, 1981.
_____. *Anos 60*. Porto Alegre: L&PM, 1987.
_____. *Geração em transe: memórias do tempo do Tropicalismo*. Rio de Janeiro: Nova Fronteira, 1996.
_____. *As quatro estações*. Rio de Janeiro: Record, 2001.
MARCHI, Carlos. *Todo aquele imenso mar de liberdade*. Rio de Janeiro: Record, 2015.
PINHEIRO, Márcio. *Rato de redação: Sig e a história do Pasquim*. São Paulo: Matrix, 2022.
SOUZA, Tárik de. *Tem mais samba: das raízes à eletrônica*. São Paulo: Editora 34, 2003.
Vários. *O som do Pasquim*. Rio de Janeiro: Nova Fronteira, 2009.
Vários. *As Grandes Entrevistas do Pasquim*. Rio de Janeiro: Codecri, 1975.

Discografia pesquisada

CHICO BUARQUE DE HOLLANDA (1966)
Gravadora: RGE – Produção: Manoel Barenbein

1. *A banda* (Chico Buarque)
2. *Tem mais samba* (Chico Buarque)
3. *A Rita* (Chico Buarque)
4. *Ela e sua janela* (Chico Buarque)
5. *Madalena foi pro mar* (Chico Buarque)
6. *Pedro pedreiro* (Chico Buarque)
7. *Amanhã, ninguém sabe* (Chico Buarque)
8. *Você não ouviu* (Chico Buarque)
9. *Juca* (Chico Buarque)
10. *Olê, olá* (Chico Buarque)
11. *Meu refrão* (Chico Buarque)
12. *Sonho de um Carnaval* (Chico Buarque)

CHICO BUARQUE DE HOLLANDA – VOLUME 2 (1967)
Gravadora: RGE – Produção: Manoel Barenbein

1. *Noite dos mascarados* (Chico Buarque)
2. *Logo eu?* (Chico Buarque)
3. *Com açúcar, com afeto* (Chico Buarque)
4. *Fica* (Chico Buarque)
5. *Lua cheia* (Chico Buarque/Toquinho)
6. *Quem te viu, quem te vê* (Chico Buarque)
7. *Realejo* (Chico Buarque)
8. *Ano novo* (Chico Buarque)
9. *A televisão* (Chico Buarque)
10. *Será que Cristina volta?* (Chico Buarque)
11. *Morena dos olhos d'água* (Chico Buarque)
12. *Um chorinho* (Chico Buarque)

CHICO BUARQUE DE HOLLANDA – VOLUME 3 (1968)
Gravadora: RGE – Produção: Roberto Colossi

1. *Ela desatinou* (Chico Buarque)
2. *Retrato em branco e preto* (Chico Buarque/Tom Jobim)
3. *Januária* (Chico Buarque)
4. *Desencontro* (Chico Buarque)
5. *Carolina* (Chico Buarque)
6. *Roda viva* (Chico Buarque)
7. *O velho* (Chico Buarque)
8. *Até pensei* (Chico Buarque)
9. *Sem fantasia* (Chico Buarque)
10. *Até segunda-feira* (Chico Buarque)
11. *Funeral de um lavrador* (Chico Buarque/João Cabral de Melo Neto)
12. *Tema para morte e vida severina* (Chico Buarque)

CHICO BUARQUE DE HOLLANDA – Nº 4 (1970)
Gravadora: CBD/Philips – Produção: Manuel Barenbeim

1. *Essa moça tá diferente* (Chico Buarque)
2. *Não fala de Maria* (Chico Buarque)
3. *Ilmo. Sr. Ciro Monteiro ou receita pra virar casaca de neném* (Chico Buarque)
4. *Agora falando sério* (Chico Buarque)
5. *Gente humilde* (Chico Buarque/Garoto/Vinicius de Moraes)
6. *Nicanor* (Chico Buarque)
7. *Rosa dos ventos* (Chico Buarque)
8. *Samba e amor* (Chico Buarque)
9. *Pois é* (Chico Buarque/Tom Jobim)
10. *Cara a cara* (Chico Buarque)
11. *Mulher, vou dizer quanto te amo* (Chico Buarque)
12. *Os inconfidentes* (Chico Buarque/Cecília Meireles)

CONSTRUÇÃO (1971)
Gravadora: Phonogram/Philips – Produção: Roberto Menescal

1. *Deus lhe pague* (Chico Buarque)
2. *Cotidiano* (Chico Buarque)
3. *Desalento* (Chico Buarque/Vinicius de Moraes)
4. *Construção* (Chico Buarque)
5. *Cordão* (Chico Buarque)
6. *Olha Maria (Amparo)* (Chico Buarque/Vinicius de Moraes/Tom Jobim)
7. *Samba de Orly* (Chico Buarque/Vinicius de Moraes/Toquinho)
8. *Valsinha* (Chico Buarque/Vinicius de Moraes)
9. *Minha história* (Lucio Dalla/Paola Pallotino. Versão: Chico Buarque)
10. *Acalanto* (Chico Buarque)

CAETANO E CHICO: JUNTOS E AO VIVO (1972)
Gravadora: Philips - Produção: Guilherme Araújo

1. *Bom conselho* (Chico Buarque)
2. *Partido alto* (Chico Buarque)
3. *Tropicália* (Caetano Veloso)
4. *Morena dos olhos d'água* (Chico Buarque)
5. *A Rita/Esse cara* (Chico Buarque/Caetano Veloso)
6. *Atrás da porta* (Chico Buarque/Francis Hime)
7. *Você não entende nada/Cotidiano* (Caetano Veloso/Chico Buarque)
8. *Bárbara* (Chico Buarque/Ruy Guerra)
9. *Ana de Amsterdam* (Chico Buarque/Ruy Guerra)
10. *Janelas abertas nº2* (Caetano Veloso)
11. *Os argonautas* (Caetano Veloso)

Quando o Carnaval Chegar (1972)
Gravadora: Phonogram/Philips – Produtor: Roberto Menescal

1. *Mambembe* (Chico Buarque)
2. *Baioque* (Chico Buarque)
3. *Caçada* (Chico Buarque)
4. *Mais uma estrela* (Herivelto Martins/Bonfiglio de Oliveira)
5. *Quando o Carnaval chegar* (Chico Buarque)
6. *Minha embaixada chegou* (Assis Valente)
7. *Soneto* (Chico Buarque)
8. *Mambembe* (Chico Buarque)
9. *Soneto* (Chico Buarque)
10. *Partido alto* (Chico Buarque)
11. *Bom conselho* (Chico Buarque)
12. *Frevo de Orfeu* (Tom Jobim/Vinicius de Moraes)
13. *Formosa* (Nássara/J. Rui)
14. *Cantores do rádio* (Braguinha/Lamartine Babo/Alberto Ribeiro)

Phono 73 – O Canto de um Povo (1973)
Gravadora: Phonogram/Philips
Show gravado ao vivo no Centro de Convenções do Anhembi, em São Paulo, entre os dias 10 e 13 de maio de 1973.

1. *Regra três* (Vinicius de Moraes/Toquinho)
2. *Samba de Orly* (Vinicius de Moraes/Toquinho)
3. *Orgulho de um sambista* (Jair Rodrigues)
4. *Sou da madrugada* (Jair Rodrigues)
5. *Hino ao Senhor* (Wilson Simonal)
6. *Rock da barata* (Jorge Mautner)
7. *Tudo se transformou* (Caetano Veloso)
8. *Vou tirar você desse lugar* (Odair José/Caetano Veloso)
9. *Vai depressa* (Ronnie Von)
10. *Loteria de Babilônia* (Raul Seixas)
11. *Me acende com teu fogo* (Erasmo Carlos)

12. *Sentado à beira do caminho/Foi assim/Festa de arromba* (Erasmo Carlos/Wanderléa)
13. *É com esse que eu vou* (Elis Regina)
14. *Ladeira da preguiça* (Gilberto Gil & Elis Regina)
15. *Mas que nada/De manhã* (Jorge Ben)
16. *Zumbi* (Jorge Ben)
17. *Não tem perdão* (Ivan Lins/MPB4)
18. *Pesadelo* (MPB4)
19. *A alegria continua* (MPB4)
20. *Baioque* (Chico Buarque)
21. *Manera, Fru Fru Manera* (Fagner)
22. *Jazz Potatoes* (Gilberto Gil/Jorge Ben)
23. *Movimento dos barcos* (Jards Macalé)
24. *Quinze anos* (Nara Leão)
25. *Diz que fui por aí* (Nara Leão)
26. *Trem das onze* (Gal Costa)
27. *Sebastiana* (Gal Costa)
28. *Oração da Mãe Menininha* (Gal Costa/Maria Bethânia)
29. *Preciso aprender a ser só* (Maria Bethânia)
30. *Trampolim* (Maria Bethânia)
31. *A volta da asa branca* (Caetano Veloso)

CHICO CANTA (1973)
Gravadora: Phonogram/Philips – Produção: Roberto Menescal

1. *Prólogo* (Chico Buarque/Ruy Guerra)
2. *Cala a boca, Bárbara* (Chico Buarque/Ruy Guerra)
3. *Tatuagem* (Chico Buarque/Ruy Guerra)
4. *Ana de Amsterdam* (Chico Buarque/Ruy Guerra)
5. *Bárbara* (Chico Buarque/Ruy Guerra)
6. *Não existe pecado ao Sul do Equador/Boi voador não pode* (Chico Buarque/Ruy Guerra)
7. *Fado tropical* (Chico Buarque/Ruy Guerra)
8. *Tira as mãos de mim* (Chico Buarque/Ruy Guerra)

9. *Cobra de vidro* (Chico Buarque/Ruy Guerra)
10. *Vence na vida quem diz sim* (Chico Buarque/Ruy Guerra)
11. *Fortaleza* (Chico Buarque/Ruy Guerra)

SINAL FECHADO (1974)
Gravadora: Philips

1. *Festa imodesta* (Caetano Veloso)
2. *Copo vazio* (Gilberto Gil)
3. *Filosofia* (André Filho/Noel Rosa)
4. *O filho que eu quero ter* (Toquinho/ Vinicius de Moraes)
5. *Cuidado com a outra* (Nelson Cavaquinho/Augusto Tomaz Jr.)
6. *Lágrima* (Jackson do Pandeiro/José Garcia/Sebastião Nunes)
7. *Acorda amor* (Julinho da Adelaide/Leonel Paiva)
8. *Ligia* (Tom Jobim)
9. *Sem compromisso* (Nelson Trigueiro/Geraldo Pereira)
10. *Você não sabe amar* (Carlos Guinle/Dorival Caymmi/Hugo Lima)
11. *Me deixe mudo* (Walter Franco)
12. *Sinal fechado* (Paulinho da Viola)

MEUS CAROS AMIGOS (1976)
Gravadora: Phonogram/Philips – Produção: Sérgio de Carvalho

1. *O que será? (À flor da terra)* (Chico Buarque)
2. *Mulheres de Atenas* (Chico Buarque/Augusto Boal)
3. *Olhos nos olhos* (Chico Buarque)
4. *Você vai me seguir* (Chico Buarque/Ruy Guerra)
5. *Vai trabalhar, vagabundo* (Chico Buarque)
6. *Corrente* (Chico Buarque)
7. *A noiva da cidade* (Chico Buarque/Francis Hime)
8. *Passaredo* (Chico Buarque/Francis Hime)
9. *Basta um dia* (Chico Buarque)
10. *Meu caro amigo* (Chico Buarque/Francis Hime)

CHICO BUARQUE (1978)
Gravadora: PolyGram/Philips – Produção: Sérgio de Carvalho

1. *Feijoada completa* (Chico Buarque)
2. *Cálice* – com Milton Nascimento (Chico Buarque/Gilberto Gil)
3. *Trocando em miúdos* (Chico Buarque/Francis Hime)
4. *O meu amor* – com Elba Ramalho e Marieta Severo (Chico Buarque)
5. *Homenagem ao malandro* (Chico Buarque)
6. *Até o fim* (Chico Buarque)
7. *Pedaço de mim* – com Zizi Possi (Chico Buarque)
8. *Pivete* (Chico Buarque/Francis Hime)
9. *Pequeña serenata diurna* (Silvio Rodríguez)
10. *Tanto mar* (Chico Buarque)
11. *Apesar de você* (Chico Buarque)

BANQUETE DOS MENDIGOS (1979)
Gravadora: RCA
Disco em comemoração aos 25 anos da Declaração Universal dos Direitos do Homem, gravado ao vivo em dezembro de 1973 e lançado como LP duplo em 1979

1. *No Pagode do Vavá* (Paulinho da Viola)
2. *Roendo as unhas* (Paulinho da Viola)
3. *Percussão* (Pedro dos Santos)
4. *Samba dos animais* (Jorge Mautner/Nelson Jacobina, interpretada por Jorge Mautner)
4. *Pra dizer adeus* (Edu Lobo/ Torquato Neto, interpretada por Edu Lobo)
6. *Viola fora de moda* (Edu Lobo/ Capinan, interpretada por Edu Lobo)
7. *Palavras* (Gonzaguinha)
8. *Eu e a brisa* (Johnny Alf)
9. *Ilusão à toa* (Johnny Alf)
10. *Cachorro urubu* (Raul Seixas/ Paulo Coelho, interpretada por Raul Seixas)

11. *P.F.* (Bruce/ Shields, interpretada por Soma)
12. *Nanã das águas* ((João Donato/Geraldo Carneiro, interpretada por Edison Machado)
13. *Pesadelo* (Maurício Tapajós/Paulo César Pinheiro)/ *Quando o Carnaval chegar* (Chico Buarque)/ *Bom conselho* (Chico Buarque, interpretadas por Chico Buarque/ MPB4)
14. *Jorge Maravilha* (Chico Buarque, interpretada por Chico Buarque e MPB4)
15. *Abundantemente morte* (Luiz Melodia)
16. *Cais* (Milton Nascimento/Ronaldo Bastos, interpretada por Milton Nascimento)
17. *A felicidade* (Tom Jobim/Vinicius de Moraes, interpretada por Milton Nascimento)
18. *Anjo exterminado* (Jards Macalé/Waly Salomão, interpretada por Jards Macalé)
19. *Rua Real Grandeza* (Jards Macalé/Waly Salomão, interpretada por Jards Macalé)
20. *Asa branca* (Luiz Gonzaga/ Humberto Teixeira, interpretada por Dominguinhos)
21. *Lamento sertanejo* (Gilberto Gil/ Dominguinhos, interpretada por Dominguinhos)
22. *Oração de Mãe Menininha* (Dorival Caymmi, interpretada por Gal Costa)

ÓPERA DO MALANDRO

Gravadora: PolyGram/Philips – Produção: Sérgio de Carvalho

1. *O malandro (Mack the Knife)* (Bertolt Brecht/Kurt Weill. Versão: Chico Buarque)
2. *Hino de Duran* (Chico Buarque)
3. *Viver de amor* (Chico Buarque)
4. *Uma canção desnaturada* (Chico Buarque)
5. *Tango do covil* (Chico Buarque)
6. *Doze anos* (Chico Buarque)
7. *O casamento dos pequenos burgueses* (Chico Buarque)
8. *Teresinha* (Chico Buarque)

9. *Homenagem ao malandro* (Chico Buarque)
10. *Folhetim* (Chico Buarque)
11. *Ai, se eles me pegam agora* (Chico Buarque)
12. *O meu amor* (Chico Buarque)
13. *Se eu fosse o teu patrão* (Chico Buarque)
14. *Geni e o zepelim* (Chico Buarque)
15. *Pedaço de mim* (Chico Buarque)
16. *Ópera* (Adaptação e texto de Chico Buarque sobre trechos de *Carmen*, de Bizet; *Rigoletto*, *Aida* e *La Traviata*, de Verdi; e *Tannhäuser*, de Wagner)
17. *O malandro nº2 (Mack the Knife)* (Bertolt Brecht/Kurt Weill. Versão: Chico Buarque)

SHOW 1º DE MAIO (1980)

Gravadora: Ariola
Gravado ao vivo no Pavilhão do Riocentro (RJ) – 30 de abril de 1980

1. *Pra não dizer que não falei das flores (Caminhando)* (Geraldo Vandré) Vários
2. *Toada (na direção do dia)* (Zé Renato/Cláudio Nucci/Juca Filho) Boca Livre
3. *Ele disse* (Edgar Ferreira) Alceu Valença
4. *Assum preto* (Luiz Gonzaga/Humberto Teixeira) Alceu Valença
5. *Um cafuné na cabeça, malandro, eu quero até de macaco* (Milton Nascimento/Leila Diniz) Milton Nascimento
6. *Não deixo de pensar* (João do Vale/Luiz Vieira) João do Vale
Uricuri (Segredo do sertanejo) (José Cândido/João do Vale) João do Vale
Pisa na Fulô (João do Vale/Ernesto Pires/Silveira Júnior) João do Vale
7. *O preto que satisfaz* (Gonzaguinha) As Frenéticas
8. *Vou renovar* (Sérgio Ricardo) Sérgio Ricardo
9. *Lá vem o Brasil descendo a ladeira* (Moraes Moreira/Pepeu Gomes) Moraes Moreira
10. *História de pescadores* (Dorival Caymmi) Dorival Caymmi
11. *Pra não dizer que não falei das flores (Caminhando)* (Geraldo Vandré) Vários

VIDA (1980)
Gravadora: PolyGram/Philips – Produção: Sérgio Carvalho

1. *Vida* (Chico Buarque)
2. *Mar e lua* (Chico Buarque)
3. *Deixe a menina* (Chico Buarque)
4. *Já passou* (Chico Buarque)
5. *Bastidores* (Chico Buarque)
6. *Qualquer canção* (Chico Buarque)
7. *Fantasia* (Chico Buarque)
8. *Eu te amo* (Chico Buarque/Tom Jobim)
9. *De todas as maneiras* (Chico Buarque)
10. *Morena de Angola* (Chico Buarque)
11. *Bye bye, Brasil* (Chico Buarque/Roberto Menescal)
12. *Não sonho mais* (Chico Buarque)

ALMANAQUE (1981)
Gravadora: Ariola/Philips – Produção: Mazzola

1. *As vitrines* (Chico Buarque)
2. *Ela é dançarina* (Chico Buarque)
3. *O meu guri* (Chico Buarque)
4. *A voz do dono e o dono da voz* (Chico Buarque)
5. *Almanaque* (Chico Buarque)
6. *Tanto amar* (Chico Buarque)
7. *Angélica* (Chico Buarque/Miltinho)
8. *Moto-contínuo* (Chico Buarque/Edu Lobo)
9. *Amor barato* (Chico Buarque/Francis Hime)

CHICO BUARQUE (1984)
Gravadora: Barclay/PolyGram/Philips – Produção: Homero Ferreira

1. *Pelas tabelas* (Chico Buarque)
2. *Brejo da cruz* (Chico Buarque)
3. *Tantas palavras* – com Dominguinhos (Chico Buarque/Dominguinhos)
4. *Mano a mano* (Chico Buarque/João Bosco)
5. *Samba do grande amor* (Chico Buarque)
6. *Como se fosse a primavera (Canción)* – com Pablo Milanés (Pablo Milanés/Nicolas Guillén. Versão: Chico Buarque)
7. *Suburbano coração* (Chico Buarque)
8. *Mil perdões* (Chico Buarque)
9. *As cartas* (Chico Buarque)
10. *Vai passar* (Chico Buarque/Francis Hime)

FRANCISCO (1987)
Gravadora: RCA

1. *O velho Francisco* (Chico Buarque)
2. *As minhas meninas* (Chico Buarque)
3. *Uma menina* (Chico Buarque)
4. *Estação derradeira* (Chico Buarque)
5. *Bancarrota blues* (Chico Buarque/Edu Lobo)
6. *Ludo real* (Chico Buarque/Vinícius Cantuária)
7. *Todo o sentimento* (Chico Buarque/Cristóvão Bastos)
8. *Lola* (Chico Buarque)
9. *Cadê você (Leila XIV)* (Chico Buarque/João Donato)
10. *Cantando no toró* (Chico Buarque)

lepmeditores

www.lpm.com.br
o site que conta tudo

Impresso na Gráfica COAN
Tubarão, SC, Brasil
2024